星雲大師 口述

百年佛缘

行佛篇 二

中華書局

百年佛緣

詩曲篇 二

星雲大師 口述

中華書局

目録

雲淡風輕的事件——從挫折中發展

我出生於一九二七年，今年是二〇一二年了，八十六年來走過人生的風風雨雨，如今回首往事，無喜無憂，但有一些特殊事件，總也讓我體會到人生各種酸甜苦辣的味道，在此就記憶所及，約略一談。

我出生的時候，正逢蔣介石北伐和五省聯軍總司令孫傳芳在江蘇會戰。那一天，在揚州的一個小鎮上，我母親說：「門外正在殺人，你就哇哇墜地了。」少年的時候，聽母親這樣說，我還幽默地對她講：「我是不是那個被殺的人來轉世的？」被殺的是什麼人，我也不知道。總之，世界上今天少了一個人，明天又多了一個人，還是不增不減。

六歲以前的事情，大概都已不記得了；七八歲的時候，知道自己很喜歡小動物，性格也很勤勞，歡喜幫忙做家務；九、十歲的時候，甚至於想做童工，幫忙父母賺點錢。橫豎也沒有錢讀書，也不知道讀書的重要，只覺得在家中很受父母疼愛，更應該力爭上游，做一個好孩子。

十歲那一年（一九三七年），「七七」蘆溝橋事變發生，抗日戰爭開始，日軍很快地就攻打到南京城。我在揚州的家鄉，都可以看到南京大屠殺的火光衝天，熊熊烈火燒紅了半邊天。我隨著家人跟在難民潮裏開始逃亡，家裏都是孤兒寡母，即使逃難，也逃不到很遠的地方，於是就在附近的興化暫時住下來。外婆、母親捨不得家中的家當，逃亡的途中，經常和家人爭執著要回到淪陷區看看。

大概這一年的年底，日軍把江蘇全部占領了，在外婆的堅持下，我跟她花了二天的時間，偷偷返回江都老家，途中雖不是屍骨如山，但說屍骸徧野，一點也不誇張。因爲久沒有生人活動，加上大地覆蓋一層白雪，整個空氣顯得清爽，卻又一片死寂。偶爾，爲了躲避日本兵的追趕，就睡在死人堆裏，幾次日軍從旁走過，幸好沒有被發現。但在我幼小的心靈裏，因此有了怕死的心理。尤其經過這些生死現場的感受，深刻體悟到生命的無常與恐懼，有好長一段時期，我躲藏在鄉間不敢到鎮上。

在那樣動蕩的社會中，十歲的童年，我已經深諳世故，感覺人生沒有前途，曾經想去當遊擊隊，但年齡太小；也想著將來要做員警，除暴安良，又沒有讀書不認識字。這時心裏閃過一個畫面，記得小時候跟隨外婆到佛教道場走動時，我見識過許多的大和尚，他們穿著大袍，法相莊嚴，飄然瀟脫的身影，曾經讓我生起仰慕之心。就這樣一直到十二歲的那一年，父親外出經商，生死未卜，母親爲了要找尋失散已久的父親，帶著我動身到南京，雖然自始至終完全不知他的行蹤，但在找尋父親的路途中，經過南京棲霞山寺，因緣成熟，我就在棲霞山出家了。

在出家前的十二年人生歲月，也多次在死門關前徘徊。尤其，約在八歲那一年，正值嚴寒的冬天，我獨自在結冰的河面上行走遊玩，突然「轟隆」一聲，整片冰塊應聲碎裂，我整個人也隨之掉進冰冷的河裏。按照常情來講，必死無疑。接下來的什麼情況，我已不復記憶，只記得我回到家門口敲門，哥哥出來一看，大吃一驚，他說：「你是怎麼搞的？」我自己也不知怎麼搞的。總之，命不該絕吧。這次意外，算是我人生中幾件特殊事件的開頭。

出家後，歷經寺裏斷炊、勞動、苦工、貧窮、疾病等艱困的歲月，甚至於飛機不定時的轟炸，往往因爲震動過大，人就從牀的上鋪掉到地面，門窗則像天崩地裂一般，應聲倒塌、碎裂。

一九四五年抗戰勝利，那一年我十八歲，全國人民盼望著軍隊勝利還鄉。當時，我正在焦山佛學院參學，忽然來了數百名軍人說要搜查寺院。把我們集中在丹墀裏，後來又把我們押至江邊。這時有人傳報，我們所有的毛巾、肥皂、牙刷、手錶，日用的東西全都不翼而飛，全寺大衆日用的東西也都不見了！

百年老瓷

陳來生 作品選二

教務主任芝峰法師一聽，義憤填膺，怎麼會有這種事呢？毫無畏懼地，就向軍隊的長官反映。不意，芝峰法師竟被部隊長打了幾個耳光，甚至部隊長發出一聲我也聽不懂的口令，所有部隊的槍桿子都對著我們，做出要射擊的樣子。

就在那千鈞一發，我們青年的教師介如法師非常勇敢，大喊：「誰敢？國家勝利了就沒有法令嗎？」那一聲叫喊，空氣剎時凝結，數百名的軍隊、百餘名的僧侶，都忽然靜下來，不知道怎麼辦。部隊長這纔又呼喝一聲：「讓這些和尚回去！」

感謝介如法師勇敢的大聲一呼，不然，若被一槍打死，人就在江邊，正好餵了魚蝦。

不過，那個時候我看到這種情況，實在感覺到叫人寒心。所謂簞食壺漿，正盼望王師歸來，竟是如此行爲，讓人失望之餘，也感到生命的脆弱，真是應了佛經所說「人命在呼吸間」。其時，我在槍林彈雨中，已經躲過八年，當然這樣的陣仗，也不是一下子就能嚇倒我的，只是，對於在動亂中人命尊嚴的微薄，感到唏噓不已。

二十歲時，我在祖庭宜興大覺寺邊上一所小學擔任校長，當時國共內戰，白天是國民黨的軍隊進出，晚上則是共產黨的軍隊出沒，總令人膽戰心驚，不知道誰是誰非。只要聽到「砰」一聲槍響，知道附近又槍殺人了。每天都處在憂慮裏，終於有一天半夜，我被逮捕了。

關在牢裏的期間，天天有人被帶出去槍斃。這時想到，所謂「眼看他人死，我心急如火；不是傷他人，看看輪到我」，關了十多天，好像就只是在那裏等待一顆子彈。有一天，忽然叫到我的名字，心想，應該是要被槍決了。

但僥幸的，不知什麼原因，我竟然被釋放出來。回寺途中，感覺到所經過的道路好像凹凸不平似的，一路上像跳舞一樣，連平時最簡單的走路都不會了。我並不是因爲害怕而顫抖，而是被關了十多天之後，我的雙腳已不聽使喚了。其實，也不是被釋放後一時的感觸而已，試想，人生路不就是這樣的崎嶇難行嗎？

二十四歲，是我來到臺灣的第二年，爲了感謝中壢圓光寺妙果老和尚收留我，每天清晨四點半，我就到鎮上備辦油鹽米菜等一寺生活所需，來回總要花費五六個小時。爲了爭取採購的時間，我也學會騎腳踏車。有一天，正當我騎車準備上街，路經羊腸小徑，忽然看到遠方迎面來了兩位幼童，一時閃避不及，我連人帶車騰空彈起來，從高空俯衝而下，人車一起栽撞到兩三丈的溝渠裏。

溝裏全都是石塊，我掉下去之後，頭直接朝地撞上了石頭，頓時，頭暈目眩，眼冒金星，只覺天旋地轉，昏過去的剎那，我想：應該是頭破血流，必死無疑了。

但是，很奇妙的，不知過了多久，我清醒過來，看見腳踏車摔碎一地，我人卻毫髮未傷。我摸摸頭，拍拍手腳，確認自己還活著，又一次感覺到命不該死。因爲捨不得摔得粉碎的腳踏車，於是把它疊成一疊，綁成一捆，扛上肩膀帶了回去。我想，把它作廢鐵賣，也許還能賣得一兩塊錢。途中一時之間，還真讓我有種錯覺，是人騎車？還是車騎人？其實，世間一切都是有相互的因緣關係！

一九六七年我四十歲，當時我在佛光山開山建寺。這期間又是我另一波苦難的開始。現在約略記述經過如後。

「共產黨」的大本營

那個時候我很想辦好一所佛教學院，因此在師資的邀請上，就特別的用心。我像武訓興學一樣，幾乎是作揖磕頭地拜訪，因而感動一些學者、名教授到佛光山來教書。如：楊國樞、李日章、林政弘、陳鼓應、韋政通、李亦園等等，以及成功大學、高雄師範學院、「陸軍官校」等許多教授。但有一天，突然從臺北傳出謠言，

[共產黨]的大本營

白手冊 ◀ 實效風趣的軍料——我給林中發表
不涉黨二

二

一位名教授說佛光山是共產黨的大本營，接著又有傳言，說佛光山藏有長槍兩百枝，這些說法真是不知從何飛來？

若說佛光山是共產黨的大本營，我想共產黨也夠倒霉，竟然找這麼樣一個窮苦的地方做基地；若說我們藏兩百支長槍，也真慚愧，因為佛光山兩百支棍子都找不到。

一九七九年高雄「美麗島事件」發生時，我人在海外，回來的時候，臺灣當局為了審判「美麗島事件」的涉案人，名律師、名法官、名檢察官對簿公堂，每天報紙上都有刊載。在這種風雨滿天的時刻，剛巧在高雄有一場喜宴，我是證婚人，警備司令常持琇將軍是主婚人，我們同桌吃飯。席間，我為「美麗島事件」請命，並且拜托他，政治案件要用仁慈的方法來化解，請常將軍建議蔣經國先生特赦。我說：「人，捕也捕了，審也審了，那許多受難的人士，有很多是社會的菁英啊！」

常持琇先生聽了我的話後，表示我的想法有難度；過了一會，他又告訴我，他說：「關於你被投書的案件，在我們的部門裏，起碼有一公尺高。」我聽了一點也不害怕，反而很奇怪。我覺得一公尺也好，一百公尺也好，那都不是我，我罣礙它做什麼？

常持琇將軍雖然是輕描淡寫的一句話，在我，生活裏雖然平常，但現在回想起來，還是值得在此書上一筆。

圍山事件

假如有人問我，佛光山開山以來最大的困難是什麼？我想，購地最為困難。過去由於佛光山附近的土地，都是官方放領的農地，要買賣並不容易。雖然官方規定上有些困難，但還是可以解決。

百年佛緣

行佛篇二
雲淡風輕的事件——從挫折中發展

三

記得過去一分地，大概只有兩千塊錢的價值，對方一開價就是要五六萬元。我覺得太貴了，議價沒有成功。過了兩個禮拜，心中想：「算了，就貴一點跟他買吧！」他又漲到一分地十萬塊。到現在，原來以一分地作為議價單位，變成以一坪地來計算了。這些農地、山坡地，只因為靠近佛光山，價碼總會那麼高，這當然苦了佛光山。因為佛光山隨著弘法的發展，因應來山者的需要，建設必須擴大，困難也就不斷增加了。

除了購地的困難以外，山下的民眾硬是要以佛光山山內開的道路「菩提路」，作為他們的產業道路，當然佛光山有維護私有產業的權利，也要維持佛地的清淨莊嚴，因此不允許這些農用拖拉機、水肥車來往其中，干擾信徒的行走安全。

那個時候，民進黨籍的尤清、尤宏兄弟，在佛光山的後山擁有最多的土地，他們也日漸有力量，趁著一九八八年農曆二月初一的「信徒香會」，來山人數最多的時候，發起數十人包圍佛光山的大門，不許佛光山的出家人、信眾遊客進出。這些圍山的民眾，顯然已經妨礙到人身安全、侵犯到別人的自由了。但是，前來處理的百餘名員警，不問事情的始末，只是袖手旁觀，不禁讓我們感慨社會時代的變化。

其實我們知道，這不是針對道路的事件，也不是為了利益的取得，而是慢慢演變成了「族羣問題」。對於當地民眾的無理，我們也莫可奈何。其實，在開山之始，我們即本著敦親睦鄰、為民謀福的心，爭取地方上的公共設施與建設，幾十年來，都是有目共覩。例如：

一、大樹位置偏遠，經常當天都收不到郵件，因為過去郵差的腳踏車騎不到這麼遠的地方。我們向郵政總局爭取郵政代辦，還替郵政局購買一輛吉普車，以便他們收發郵件。

二、二九六〇、七〇年代，大樹鄉還沒有電話可以使用。我們特地到臺北總局申請。當時還是「戒嚴」時代，蔣經國先生偶爾會來山訪問，沒有電話，怎麼能有安全呢？藉助這個理由，電信局纔應允安裝電話。

百年縱橫

三

[illegible]

圍山事件

一筆。

[正文（鏡像，難以辨讀）——illegible]

三、過去居民大多使用地下水，後來請到自來水廠安裝自來水。

四、爭取客運公司設立站牌，每天有「民生號」來回高雄，便利村民交通。

五、前公路局第三工程處倪思曾處長來山禮佛，要添油香時，我婉謝他的好意，但要求他添大一點的油香——爲還是以砂石路爲主的大樹鄉，鋪設一條柏油路。

六、山下員警派出所的圍牆破損，門口的地崎嶇不平，我們捐獻水泥鋪設，表示警民合作，便利民衆行走。

七、一九七七年開辦的普門中學，是鄉内唯一的綜合高中，優惠本地學生學雜費。

八、設置幼稚園，免費提供村民的幼兒就讀，解決附近孩童就學問題。

九、開辦診所，爲村民義務看病不收費。

十、提供佛光山上的會堂給村民召開里民大會，讓里民舉辦相關活動。

十一、逢年過節舉辦圍爐，送春聯、紅包，招待村民同樂。

十二、爭取架設路燈。

以上林林總總，但村民都無動於衷，認爲這是理所當然，佛光山應該要回饋當地，幫助鄉民。

過去，居民怨怪「麻竹園」這個名稱給佛光山取代了。直到最近，「佛光山的香蕉」、「佛光山的鳳梨」、「佛光山的玉荷包」，慢慢的，「佛光山」成了叫得出去的名字，往來社會各界、國際人士多了，帶動地方的景氣，山下村民纔承認「佛光山」三個字。

佛光山經過了四十年的努力，山下興田村大部分的村民纔願意和佛光山表示友好。比方，上一任的村長，在佛光山開山四十週年紀念的時候，送來一盆高貴的百年盆栽表示祝賀；又如，最近以來佛光山的義工中，也有部分來自興田村村民。過去圍山的情況，纔終成歷史事件，如過往雲煙。

「二二八」平正法會

回想起一九四九年初到臺灣，我就聽説「二二八事件」。當時，心裏一直很想爲這些受難的同胞做些什麼，來化解這段歷史的悲劇。早在一九六〇年代，我就經常向國民黨建議，「二二八」的問題是臺灣的噩夢，是一件令人遺憾的事，應該要早一點化解。我的意思是，對於「二二八」受難的民衆，要讓他們放下仇恨，有關單位應該到受難者家裏拜訪，掛個紅布，鳴炮鑼鼓當衆致意。我想這樣受難者能得到特赦，給予他們平反，畢竟「冤家宜解不宜結」。

後來，又聽説大陸「文革」後，也有很多案件獲得平反。我覺得若我建議當局爲「二二八」事件平反，他們可能會以爲我們是學習大陸的方法，不如來做個中間橋樑；因此，就在一九九一年國際佛光會「中華總會」成立不久，發起一場「佛力平正二二八死難同胞慰靈法會」，爲受難者做一個平正超薦，也對受難家屬做一些慰問。

這件事情，獲得當時「行政院長」郝柏村先生的贊成，也獲得「國防部長」陳履安先生的支持，於是就在同年二月二十八日，在臺北劍潭青年活動中心舉行「二二八平正法會」。我們邀請官員、民意代表、受難家屬一起參加，並且受理登記，將受難者遺骨奉安在佛光山萬壽園，定期上香祭拜，希望藉此消弭過去的裂痕，將歷史的教訓化爲和平的力量。

一九九四年，我們又再舉行「二二八紀念音樂會」，希望藉此安慰受難家屬，以及爲冤屈的民衆慰靈。希望在舉辦之後，大家能不分省籍，不分黨派，互相尊重，互相爲建設臺灣社會而努力。

只是，我人微言輕，我們辦的這個活動，得不到社會廣泛的支持報導，當然影響是有限。不過，我們總是祈願臺灣社會能夠和諧，族羣能夠團結。因爲臺灣人口不多，不能再爲族羣問題產生撕裂，應該抱持「居住在

▼ 歷史事件

二二八事件中的哀歌
——英勇抗爭的哀歌

作者：［illegible］

四

一、[illegible]

二、[illegible]

三、[illegible]

四、[illegible]

五、[illegible]

六、[illegible]

七、[illegible]

八、[illegible]

九、[illegible]

十、[illegible]

十一、[illegible]

十二、[illegible]

［其餘條文及段落因影像褪色嚴重，無法辨識。文中可見「台灣」「中華民國」「國民黨」「二二八」等字樣。］

臺灣的人都是臺灣人」的想法，泯除對待，社會纔能安樂。

《臺灣時報》事件

前面說到一些新聞媒體的報導，不禁讓我想起十幾年前，佛光山受《臺灣時報》無中生有詆毀的事件。

我也搞不清楚誰是《臺灣時報》的老闆，誰又是《臺灣時報》的背景，佛光山平時也沒有訂閱《臺灣時報》，也不知道《臺灣時報》每天報導什麼訊息。不知什麼原因，在一九九六年二月左右，《臺灣時報》幾乎每天全版刊登批評佛光山的文章。我們還在尋求管道瞭解的時候，就已引起全臺信徒義憤填膺，認爲報導不實，有失公允。一連數天，每到夜晚報紙發刊時間，就有千名以上的人以靜坐、念佛的方式，包圍《臺灣時報》大樓，不准他發行，藉以喚醒媒體的道德良知。

民衆和報社對立，我想這真是社會的不幸了，我試圖尋找發起這個運動的人，從中瞭解情況。後來，得知是由一羣熱心護持佛教的知識分子，如陳潮派、林宗賢等人發起這個包圍運動。他們知道跟我講也沒有用，不想連累佛光山常住，於是就自己先行動，對《臺灣時報》表示嚴正抗議。雙方僵持不下，最後由「監察院長」陳履安先生出面協調，《臺灣時報》纔表示歉意。

其實，在我一生當中，不知受過多少人毀謗中傷，年輕時雖然極力隱忍，不免也會有些難過。有一位長老知道後，安慰我說：「不要難過，佛陀也會被人毀謗。世間上的人，只要他認同的，就覺得是善美的；不認同的，就斥責爲醜陋。毀謗有時也是逆增上緣。」我聞言釋然，想到佛陀慈忍的精神，不禁再鼓起信心，勇往直前。

退位傳法

佛光山開山至今已四十六年，轉眼即將跨入「知天命」之齡了。走過開山、弘法等種種困難歷程，雖不是事事圓滿，但也無愧於心。我想，一個團體要永續下去，一定要有傳承，唯有「世代交替」，注入新血輪，纔會有新生命、新活力，纔會更進步、更成長。因此，在一九六七年開山伊始，對於佛光山的制度化，我就著手擘畫「佛光山組織章程」，做爲大衆行事的規章準則。其中之一，對於佛光山住持的任期，採六年一任，可以連續兩任。

之所以這麼訂定，在我心想，佛光山不是建大叢林，應該不用十二年的時間就可以建築完成，之後就可以交棒了。因爲社會已進步到民主時代，我很不喜歡過去那種皇朝制度下，那種呼喊著「天子萬歲、萬萬歲」的萬年帝位。尤其，看到一做「中國佛教會」理事長，就成爲終身理事長；一做寺廟住持，就是終身住持，更覺得應該自我揚棄這許多專制時代的陋習。

哪裏知道，十二年下來，佛光山越建越大，債務越積越多，沒有人敢接任住持。再者，佛光山的徒衆，雖然經過了十年、八年的教團生活，但是要在當中選任適當的住持，其時間的醞釀、經驗的歷練、養深積厚的火候也都還不夠。在萬分不得已之下，應大家請求「開山宗長可再連任住持一次」，我就做了三任十八年的住持。

十八年時間一到，我認爲佛光山的建設，已經大體完成，爲了佛教法脈的永續，人才的培養，我再也不肯繼續做下去，決定交棒。就在一九八五年，我宣佈「退位」，由一九五七年在宜蘭就跟隨我出家的心平法師，擔任佛光山第二代、第四任住持。那一年，我五十八歲。

哪裏知道，「退位」這兩個字，竟也成爲敏感的問題，有關單位打電話給我，說：「不可以叫『退位』，要叫做『傳法』。」因爲那時候，当局顧忌我喊出「退位」，是影射蔣經國先生不退位下臺，所以執意要我更名。

唉！我只是一介僧侶，哪裏想到那麼多呢？

不過，確實不錯，佛教本來也就有「傳法」、「傳燈」之稱，因此，在大家的認可下，更改這個名稱，我也從善如流，樂於接受了。

在傳法大典中，我向大眾說明堅持退位的原因：

一、法治重於人治。人有去來、生老病死；「依法不依人」，纔能常住。

二、世間之事，不是「非我不可」。佛法的弘揚，社會的净化，是要靠大家共同來成就的。

三、退位不是退休。退位一樣可以弘揚佛法，服務社會，普度眾生。

四、加强新舊交替。佛光山寺交給第二代住持，正表示一代勝過一代。

典禮中，由棲霞山臨濟宗第四十八世傳人法宗法師、悟一法師、達道法師及我四人，共同將象徵傳法的袈裟、鉢、具、法卷等，傳予第四十九世傳人心平法師，同時也有心定、慧龍、慧開、慈莊、慈惠、慈容、慈嘉、慈怡、依嚴、依敏、依融、紹覺、依恒、依空、依諦等人受法。從此立下佛光山「恪遵佛制，薪火相傳，以制度管理，以組織領導」，樹立常住道場民主化的規範。

當時社會的輿論、報紙、電臺，紛紛以我的「傳法退位」爲話題作報導，發表看法。尤其，「中國時報」社論、《聯合報》專欄，以及名學者如柴松林教授等人，也都發表專論回應，一時之間，引起臺灣企業界回響，也覺得應早日學習，交給第二代繼承，纔會創新、富有朝氣，不易滋生流弊，又可以培養新血輪，社會更加進步等等。

我也不知道一個「退位」，會引來這麼大的騷動，當日在佛光山「傳法」給心平法師的時候，確實盛況空前，人山人海，前來祝賀此一盛事。我覺得，自己雖不能改變什麼，但是能爲社會做一個率先之舉，有益於社會公義，這也是我一生的願望了。

心平法師做了近兩任的住持，可惜因病圓寂，欣慰的是，佛光山的制度已然成形，很快的，便選出心定法師繼任第五任住持，以及後來連任做了第六任住持。現在，已經到了第七任、第八任的心培和尚，在此期中，並由六年一任修改爲四年一任。

總之，佛光山雖是新興的寺院、初創的叢林，但它的一切很多人都很關心。現在，已經到了第八任的住持，甚至今年（二〇一二年）第九任住持也已選出，這個制度已可以燈火相傳了。如同，我一再跟徒眾强調的，佛光山不是我個人的，是大眾的，佛光山不會因住持換人而改變「人間佛教」弘法的方針。所謂「叢林以無事爲興隆」，以制度公平公正，僧事僧決。我想，季節有春夏秋冬，生命有生老病死，只有「法」是萬古常新，永遠長存的。

封山開山

佛教有很多種的性格：有山林佛教的性格，有社會佛教的性格；有出世佛教的性格，有入世佛教的性格；有只求自利的佛教性格，也有發心利他的性格。在佛光山，我們只是本著佛陀的本懷，也接受太虛大師的倡導，有著所謂「人間佛教」的性格。

「人間佛教」的性格，就是要興辦佛教的事業普利蒼生，就是要提倡積極服務人間，推動社會的福祉。但是，這樣的取向，不是當今流傳兩千多年的佛教，所完全能接受。保守的叢林、消極的觀念，對「菩薩道」幾乎只是口號的實踐。例如，佛教的四弘誓願：「眾生無邊誓願度，煩惱無盡誓願斷，法門無量誓願學，佛道無上誓願成」，數千年來，僅是在佛殿裏面唱誦，沒有人敢說：「我來度無邊的眾生，我來斷無盡的煩惱，我來學

桂山開山

一、人山人海，招來好資源｜辦事。發賣時，自己�[illegible]不滿改變什麼，由此瀏覽在會披｜簡單求之禪，有道於彷彿由不成就一個「設立」。會民來試驗大的壘億，當日在星雲山「辦法」，像少年青禮由卻來，羅資獨發於空書卷等等。

由事府溝早日學習，文徐第二外變來，講會鳴流、富貴時候，不彤賴主流梁，又因以弟賽�‥血攜，其會勇世勤篇、《綜合報》專欄，以及各學者成梁谷林幾效華人，由將發茂事編回惠，｜朝之間，比就臺灣全業界回響，當朝佛會的奧備、辦然、書臺，徐徐以彼的「事務設立」最語題彤辦華，發茂奇於，尤其，「中國佛教」扶以時受會理，以臨健華事｜，獨立第五計彰彤另主為的展備。

喜、慈悲、資顧、資緩、資顧、路彗、資直、資空、資臨華人受珍，徐孔立于僧光山｜谷鼉禱彼，雅火山禱，資、移、具、书卷等。辦子華四十八世禱人少平彷禱，回迅由有少孔、慧諧、慧图、慈帮、慈惠、慈容、慈典禱中。由難禱山圈賞宗第四十八世禱人去宗书禱，書二书禱，素普彤禱以彼四人，共同禱彔衡彷彷的英四，吡距禱賣交替，禱光山专文徐第二外去禱，五表示一外彩爾二分。

三、設立不是設林，設立一籍和以当蕋禱彼，跟徐彷會，普賣梁主。

二、世間之事，不是「非我不可」，禱彼的先務，彷會的彷分，是與彗大寨共同來知湉的。

一、去治重紤人谷，人青去來，主多彷珎，「彷去不彷人」，鑑弱章彷。

五勤去大典中，彼向大寨涵世塑禱設近的恩因‥

笼善彤流，樂彷彼受了。

不歐，辦實不彤，辦彼不來由將有「辦去」、「辦彼」之誥，因典，在大寨的彤卫下，更彼彰彑各爾，彼彷深‥彼只是一个僧彑，眼寨彬淫涉彷多彤。

無盡的法門，我來成就無上的佛道。一般有願力的佛教，在現代人間社會無法流行，不能深入人心，不能走進人的家庭生活。

佛光山開山以來，打著佛陀人間性格的旗幟，弘揚以菩提心為本的「人間佛教」。所謂「以文化弘揚佛法」：辦了多少出版社、流通處，出版各類書籍、辭典、影印大藏經等，把二十二年佛陀的般若智慧貢獻給現代社會。「以教育培養人才」：創辦小學、中學、大學、佛學院等，主要的，就是要讓佛教徒都能成為人天的師範。「以慈善福利社會」：開辦診所，佈施救濟，急難救助，興辦養老育幼院等；並且發起「我出錢，你治病」，送醫療到偏遠地區；「我買書，你讀書」，讓雲水書車走遍鄉村郊區；「我發心，你吃飯」，我們「以粥代茶」，讓人間到處洋溢著溫暖；「我訂報，你看報」，鼓勵大家閱讀書報，增廣見聞；「我出錢，你修行」，我出車資，你去修持念佛等等。

我覺得「人間佛教」就是互助互惠，施受平等的社會。但是在這人間，不管你怎麼樣好吃的菜色，也有人覺得不合口味。就好像佛陀所說的，醍醐出來的牛奶，你不一定喜歡，加一點水分、糖精，或許你總會認為可口。所以，佛光山開山以來的表現，雖然都已經在實踐「人間佛教」了，但還是招致一些口頭上的議論、批評。我也很慚愧，只想到為了佛教，其實許多地方為了佛教的美名，也一樣會得罪別人。

在佛光山出家的比丘、比丘尼之中，擁有博士學位者五十多人，擁有碩士學位者兩三百人。甚至於在家信徒中，是翰林學士、碩士、博士，檀講師、檀教師者，不計其數，實在講也太過張揚了。

所以我想，在人世間，到底還是要依諧緣能生存，要依諧緣能平安。因此，我在佛光山的淨土洞窟裏，最初設計的理念就是，極樂國土的大門只有五尺高，你一個六尺高的身軀，想要進到淨土世界，必須要謙虛，要低頭。

我雖然懂得這樣的說法，但自己在人間弘揚佛法的道路，一直是昂首前進，沒有低頭，也沒有低調。有時候，清夜捫心，不禁也會想到對不起很多的人。所以，在一九九七年五月十六日，在佛光山開山三十週年紀念的一天，我毅然宣佈佛光山「封山」。

消息一經發布，震動全臺，甚至，中國佛教協會的會長趙樸初居士都來信讚美我的決定，可見得封山之舉，在教內、教外的人看來，他們也同意、接受。

佛光山確實需要封山，因為跟隨我的青年徒眾沒有假期，每天周而復始，從事教育、文化、慈善、共修種種活動，都是發菩提心為佛教服務，為眾生服務。那些跟隨我數十年的青年弟子，現在已慢慢邁入中年、老年，我也應該留一點時間給他們修身養息。封山，他們就可以暫緩奔忙的腳步。

但是，佛光山不像過去的叢林，有良田萬頃，有房舍千間，有山林生產，佛光山什麼都沒有，封山，就等於是斷絕人群往來。平時我們賴以生存的，是源於信徒在佛前施捨的油香功德，忽然說封山，一切斷絕，一切都停擺了。我也知道，這對山上是一項很大的考驗。不過，在海外的徒眾也紛紛支持封山，他們都說：「師父！你封山，所有的食用物資，我們在海外可以辛苦奮鬥，可以為常住補助，可以供養本山。」

好在佛光山多年來，在海外各個國家建立了別分院，現在，發揮了團隊的精神，給予封山後的總本山支援，使之屹立不動，大家一樣可以安心辦道：著作的著作，教書的教書，參禪的參禪，念佛的念佛。

在封山期中，佛光山的禪堂、淨業林念佛堂、佛教學院，大家各自修行，特別精進。例如，一打禪七，就是七七四十九天；一啟動念佛，就是七個七永日。佛學院中，長年累月書聲朗朗，經聲不絕。佛光山突然間社會氣，人間味減少了，道心增加了，道念增加了。感覺到「封山」也未嘗不是一件好事。

然而，封山三年後，當局提出願望要我們重啟山門。因為基本上當局護持佛法，佛法應該也要輔助當局爭化人心，加強社會道德的建設。經過三年的封山，信徒也希望佛光山重開山門，佛光山是僧信共有的，既是信徒發心建設，我們僧侶也不能爲己過甚。在佛光山重啓山門時，已經是二十一世紀新的時代來臨了。

光陰似箭，從重啓山門至今，不覺也有十多年了，但是有些人士，還是告訴我說：「佛光山不是已經封山了嗎？」可見，封山在大家的記憶中，留下深刻的印象。

所謂「封山！封山！常住責任一肩擔；封山！封山！佛法的山門永不關。」但是社會人士以爲佛光山到現在還在封山，這個訊息不知道是什麼意義？這就令人難以揣摩了。

回憶這三年的封山期間，我們辦《普門學報》、辦《人間福報》等。再開山後，我們對「人間佛教」的推動更加積極；再開山後，看到佛光會十多年在國際間的活躍，參與的信徒、會員，對佛法也都逐漸信心成熟。青年的歌聲，電視臺的新聞轉播，《人間福報》各種的報導，也都因爲開山，好像「人間佛教」又再活絡起來了。

在弘法初期，由於佛光山辦了許多創新的佛教活動，經常被社會誤解，被同門批評。有時爲你戴上紅帽子，有時又爲你戴一頂黃帽子。紅帽子，是解嚴以前的臺灣足以讓你砍頭的罪名；黃帽子，是在教界裏置你於死地的居心。對於這些，我並不急於爭辯，只是爲了佛教，盡己所能，爲所當爲。

早年，我爲佛教發聲建言，多次被教界人士議論爲異端分子；後來，又因軍工商各界官員前來請益佛法，我又被新聞媒體說成與政治掛鈎，衆說紛紜，我也沒有理會，只是淡然處之，默然以對。因爲，凡是只要是對的，有益於社會大衆的，我還是要勇敢去做，就像爲「三二八平正」舉行的相關活動。

結語

佛光山開山四十餘年來所發生的特殊事件，除了上述這些之外，可說是不勝枚舉，比方還有許多靈感的事跡等；然而，站在宗教的立場上，提倡「人間佛教」的我們，也不便去過度的宣揚。不過，許多民間宗教的神明、信徒，經常來山拜佛、訪問，倒也是一件有意義的活動。

此外，佛光山在一九七七年傳授國際三壇大戒，被譽爲「模範戒期」，後來爲加強佛弟子的訓練，分別於一九八八年在美國西來寺、一九九八年在印度菩提伽耶、二〇〇四年在澳洲南天寺等傳授國際三壇大戒；甚至，一九九一年在佛光山舉行爲期三個月的羅漢戒期，都爲佛教寫下一些殊勝的紀錄。

乃至，兩岸的往來交流，佛指舍利的迎請供奉，學術會議一次一次的召開，我們相信：多少的煩惱事，最後都成爲菩提；任何不淨的汙泥，只要我們真心，也會生長出清淨的蓮花。

百年佛緣

行佛篇二

雲淡風輕的事件——從挫折中發展

化人心，加强社會道德的建設。經過三年的封山，信徒也希望佛光山重開山門。佛光山是僧信共有的，既是信徒發心建設，我們僧信也不能為己過甚。在佛光山重啟山門時，已經是二十一世紀新的時代來臨了。

光陰似箭，從重啟山門至今，不覺也有十多年了，但是有些人士，還是告訴我說：「佛光山不是已經封山了嗎？」可見，封山在大家的記憶中，留下深刻的印象。

所謂「封山！封山！封山！常住責任一肩擔；封山！封山！封山！佛法的山門永不關。」但是社會人士以為佛光山到現在還在封山，這個訊息不知道是什麼意義？這就令人難以揣摩了。

回憶這三年的封山期間，我們辦《普門學報》、辦人間衛視、辦《人間福報》等。再開山後，我們對「人間佛教」的推動更加積極；再開山後，看到佛光會十多年在國際間的活躍，參與的信徒、會員，對佛法也都逐漸信心成熟。青年的歌聲，電視臺的新聞轉播，《人間福報》各種的報導，也都因為開山，好像「人間佛教」又再活絡起來了。

在弘法初期，由於佛光山辦了許多創新的佛教活動，經常被社會誤解，被同門批評。有時為你戴上紅帽子，有時又為你戴一頂黃帽子。紅帽子，是解嚴以前的臺灣足以讓你砍頭的罪名；黃帽子，是在教界裏置你於死地的居心。對於這些，我並不急於爭辯，只是為了佛教，盡己所能，為所當為。

早年，我為佛教發聲建言，多次被教界人士議論為異端分子；後來，又因軍工商各界官員前來請益佛法，我又被新聞媒體說成與政治掛鉤。眾說紛紜，我也沒有理會，只是淡然處之，默然以對。因為，凡是對的、有益於社會大眾的，我還是要勇敢去做，就像為「二二八平正」舉行的相關活動。

結語

佛光山開山四十餘年來所發生的特殊事件，除了上述這些之外，可說是不勝枚舉，比方還有許多靈感的事蹟等；然而，若在宗教的立場上，提倡「人間佛教」的我們，也不便去過度的宣揚。不過，許多民間宗教的神明、信徒，經常來山拜佛、訪問，倒也是一件有意義的活動。

此外，佛光山在一九七七年傳授國際三壇大戒，被譽為「模範戒期」，後來為加强佛弟子的訓練，分別於一九八八年在美國西來寺、一九九八年在印度菩提伽耶、二〇〇四年在澳洲南天寺等傳授國際三壇大戒；甚至，一九九一年在佛光山舉行為期三個月的羅漢戒期，都為佛教寫下一些殊勝的紀錄。

乃至，兩岸的往來交流，佛指舍利的迎請供奉，學術會議一次一次的召開，我們相信：多少的煩惱事，最後都成為菩提；任何不淨的汙泥，只要我們真心，也會生長出清淨的蓮花。

風波不斷的社會——我的排難解紛

我的個性從小就不喜歡紛爭，在幼年的時候，像少年的打羣架、鬥爭，我一直都沒有過這許多事情的發生。對於家族中父系和母系的長輩，他們彼此有意見，互相批評的情況，我都暗自不以爲然。我覺得世間上「和平」是非常重要的；紛爭的人生，一點意義都沒有。

常有人讚嘆中華文化的優良，固然說中華文化美好，但我覺得，歷史上的戰爭殘殺，導致民不聊生，無法計算，真是教人不忍卒睹。一個朝代的更換，就要死傷幾百萬人；平時的冤案牽連，更是難以估算。像是明朝的大學士方孝孺，他因爲不肯爲燕王朱棣寫詔書，不只是遭到誅滅九族，更被燕王下令誅滅十族，連過去的老師都不能幸免。光是這件歷史案件就死了八百餘人，其他的殘殺事件，可說多得不勝枚舉了。另外，像族羣的械鬥、地方利益的紛爭，甚至盜匪猖獗、軍閥橫行，在在都說明了人間的慘事。

所幸，我幼年就出家，在叢林寺院裏成長，雖有嚴格的要求、虐待的情事，但我將它視作是一種教育、一種法制規矩，也不以爲意。慢慢的，經過歲月的成長，看到社會上許多紛爭、諸多不平，但也無可奈何。就是到臺灣來以後，遇到佛教界裏的明爭暗鬥，我總是避而遠之。甚至於我離開臺北，最初選擇落脚在宜蘭，後來到了高雄，都是因爲不喜歡在人文薈萃的臺北，所發生的諸多紛爭。

我初到高雄，當時高雄是一個臺灣發展中的大都會，也有許多紛爭。例如：同一所佛堂裏，裏面的信徒就分了鹽埕區、苓雅區、新興區等派別，彼此相互地抵制、相互地批評。我曾經集合大家說：「你們這樣子一個大高雄都不能團結，分成這裏、那裏；如果這樣的話，你們禮拜的釋迦牟尼佛，最好也請他回印度，何必要待在我們高雄呢？」

所幸的是，無論在哪裏，信徒沒有排斥過我，社會也沒有排斥過我；但是佛門裏面有一些人，所謂「同行是冤家」，也還是免不了。不過，遇到的這一些批評糾葛，有的是爲了利益，多數都是因爲嫉妒，所以慢慢地我也學會了「老二哲學」，學會了「低調」，在人生處世上，感覺到受用不少。

後來，在臺灣數十年的弘法歲月裏，體會到在佛門中，尤其面對佛教會的一些欺壓與排擠，我覺得「忍耐」是解決紛爭最好的方法。但在社會上，一些政治的團體，人我利益的爭執，經常不斷地發生。我經常給人推派去排難解紛，檢討自己的性格，也自覺很適合扮演這種角色。要做一個排難解紛的人，主要的，不能讓雙方中有某一方吃虧，如果有某一方覺得吃虧，那就不能解決問題了。所謂排難解紛、種種談判等，都需要有公平正義，纔能皆大歡喜。

記得第一次的排難解紛，就是宜蘭縣第七屆的「議員」選舉。那是在一九六七年，信徒余簡玉嬋女士是一個地方上知名的助產士，生得美麗大方，個性也溫柔和善。她的先生是宜蘭縣警察局消防大隊的隊長，當時，她已經擔任過縣「議員」，這一次再度參選，尋求連任。

宜蘭這個地方，由於當時非國民黨運動人士郭雨新的聲望很高，所以國民黨在這裏的選舉，都不是很容易過關。余簡玉嬋女士在選舉開票過後，多了四十二票，把一個國民黨預備規畫爲「議長」人選的張學亞先生，擠到落選的名單中。國民黨宜蘭縣主任委員非常的著急，連夜找我，要我幫忙勸退余簡玉嬋，好讓張學亞可以遞補上來。

這件事情應該是很爲難的，因爲名利當前，人所好之，尤其是一場選舉，勞師動衆，花費的金錢、精神不知多少，已經獲得的利益，忽然說要放手給人，這談何容易？但是國民黨對我千萬地拜托，這個艱難的任務，我也苦思無策。因爲平時我們宗教所倡導的是我要把利益給人，這時我怎麼能叫別人放棄利益？我實在是說不

出口。

我在萬分困難之下，只有找余簡玉嬋女士，我好言安慰，要她放棄這一次的當選。我跟她說：「妳也是黨員，非國民黨的力量很多，『議會』中總要有一個强力的『議長』，為了黨的利益，張學亞是應該能擔任的。」張學亞是東北人，身材魁梧，曾經擔任過縣「議會」主任秘書，也在軍友分社做理事長。他的做事果斷，看起來，適合做「議會」的領導。

我勸余簡玉嬋顧念國民黨的大局，就作一次犧牲。不過，我也跟她說：「我剛剛從基督教手中接辦『蘭陽救濟院』（即後來的『仁愛之家』），我請妳來擔任院長，雖然院長不及『議員』那麼的風光，但是在宜蘭縣也是一個立案的慈善團體，正正當當的。尤其妳是助產士，再接任『蘭陽救濟院』，慈善再加上醫療，對妳也是非常適合。」

她似乎顯得為難，但是她還是開口說：「師父您這樣子說，我就不敢拒絕了。」我鬆了一口氣，心裏的石頭總算放了下來。終於替國民黨完成了一件艱難的排難解紛。後來，余簡玉嬋和宜蘭念佛會關係非常密切，也帶領救濟院不斷地成長，還替蘭陽救濟院建了長壽館，幫助許多的老人安養晚年。

說到人我之間的糾紛，它其實就是一個「結」，也是一個「解」，就看你如何能解開這個結。有的人愈解愈是紛亂，真是難解難分。但是只要你懂得人性、懂得人心，這也不為難也。

此事了結以後，說來政治是很無情的。因為記憶中，後來張學亞對余簡玉嬋從來沒有表示過感謝，國民黨也沒有對余簡玉嬋再給予提携。做為代表國民黨的這許多人物，實在應該要有公平正義，也應該要有道德良知。

前面說到我避開臺北的紛擾南下高雄，在我這一生雲遊世界的歲月裏，過去曾有人替我統計，說我每年的弘法行程，算起來總要繞地球兩圈半。但實際上我已經有半個世紀以上的時間，經常都居住在高雄。舉凡高雄的一切，我不但熟悉而且關心。

例如，一九五〇至一九六〇年代高雄市長的選舉，從謝挣强，到陳武璋、陳啓川這三大派系分別出來競選，謝挣强代表澎湖派，陳武璋代表臺南派，陳啓川則代表高雄派。不過，那時候大家雖有地方派系之分，競爭並不激烈。但是到一九六八年，楊金虎代表民社黨參加高雄市長的競選以後，高雄市的社會競爭就愈來愈激烈了。從楊金虎手中奪回高雄市長政權寶座的，就是被稱為「南霸天」的强人——王玉雲了。

王玉雲，原本是臺南人，一九二五年在高雄出生。聽說他出身高雄市的刑警，一路奮鬥，登上高雄市「議會議長」的地位。一九七二年，他以「議長」之尊參選高雄市長。這時候，遇到一位天不怕、地不怕，二十三歲就步入政壇競選省「議員」的趙繡娃小姐。

趙繡娃，一九四九年生，父親趙善標在當時也是高雄市「議員」。女兒趙繡娃就以非國民黨人士代表出來競選臺灣省「議員」，而且是高票當選。那時候，省「議員」的地位和市長相較，幾乎不分上下，各有他們權力的行使內容。

說到選舉，就有紛爭，王玉雲和趙繡娃，就為了各自的選票轄區而短兵相接，演變成互相毀謗、互相批評，甚至於互相謾罵，最後兩個人雖然各自當選，但是也各自都告到法院，準備對簿公堂。

這兩個人，都是高雄的高級政治人物，擁有各自的羣衆，一再的紛爭，實在非高雄之福。加上媒體的推波助瀾，使得這兩位政壇的一男一女，甚至到神廟前斬鷄頭、發毒誓，信誓旦旦地說要讓高雄市民來評鑒誰是誰非。這樣子的鬥爭持續約有半年之久。當時，高雄市的國民黨市黨部主委許引經先生便找到我，希望我能幫忙協調。

許引經主委是江蘇泰興人，一九二六年出生。他對我說，高雄市這樣一雄一雌的訴訟，對社會風氣會有不

良的影響，雖然也經過很多的人調解，但目前看起來，雙方的執著勢難罷休，希望我能出面，看看是否可以融和化解。

我想到，王玉雲先生從他做「議員」、「議長」到市長，和我們就常有來往；而趙繡娃，應該在她二十歲左右的時候，就在佛光山的懷恩堂皈依了。在那時候，佛光山所有的佛殿都沒有完成，只是暫借懷恩堂舉辦皈依典禮，皈依的信徒中就有趙繡娃其人，而我們在高雄壽山寺舉辦的法會活動，趙繡娃也都經常前來參加。

這樣一個美麗活潑的小姐，她對政治的熱衷，不下於她的父親趙善標先生，而且竟然在高雄一選成功，可見當時的社會大眾，對於年老的政客也有諸多的不滿，所以趙繡娃能以清新的年輕人面貌，獲得廣大的羣眾支持。這就透露出大家希望現實的政治，能有煥然一新的局面。

我也瞭解到，其實王玉雲和趙繡娃兩人的訴訟，只是意氣之爭，可以說都是因爲一些誤會產生，或者是相互的批評，甚至是給選民的輿論鼓譟，新聞媒體的過多炒作，引起的仇恨，就越結越深了。

基本上，要勸說這兩位政治人物，我也沒有把握，我只能給予他們一點曉諭：所謂二虎之爭，最後必有一傷，甚至雙方皆有損傷。其實，彼此也不是有什麼恩怨情仇，政治是一時的，人生平和的生活纔是永久的。鬥爭，只會造成相互損失，假如可以放下計較、執著，是何等的輕鬆自在。

由於國民黨黨部主委許引經已經告訴王玉雲，高雄市的政局要安定不要鬥爭，等到我再跟他說明的時候，王玉雲已有意放棄執著。而趙繡娃小姐，在我跟她說了以後，她滿口地說：「既然師父您出來開示，我完全聽您的吩咐。」我想，這就是信仰的力量。

有了這樣的因緣關係，我就邀約他們兩人準備做正式的調停和解。因爲法院的訴訟案第二天要開庭了，我必須要在他們出庭的前一天解決問題。

那一天，正逢我們在壽山寺舉行浴佛法會，因爲這是佛教的大事，我不能脱身；而王玉雲先生大概也忙於拜會各個佛寺、宮廟的佛誕節法會和各處的婦女會，電話都不容易接通，一直等到下午四五點，纔相約在佛光山朝山會館光明十二號的客廳見面。

在這之前，事先我都已經替他們寫好了和解書，並且給他們雙方看過，得到彼此的相互承認。我想最重要的是，和解書中，不去觸動他們的問題，判定誰是誰非，只要讓大家都能有尊嚴的臺階可下，所謂的爭訟，就容易平息。在這同時，他們也在撤銷訴訟書上簽字了。

當天，我就這樣犧牲了一頓晚餐，解決了這一件重大的紛爭。那時候臺灣的三大報系：「中央日報」、《聯合報》、「中國時報」都紛相刊載這條重要新聞。所以，後來在高雄地方上的排難解紛，就知道有我的一份了。

除了在南臺灣之外，在一九九四年，臺北也發生了一件大事，那就是「觀音不要走」事件。

這尊引發佛教徒挺身護教的七號公園（今大安森林公園）觀音聖像，大概兩尺多高，連基座總高近三百公分，是國際知名藝術家楊英風先生的雕塑作品。在一九八五年由大雄精舍創辦人邱慧君居士發起恭立，當時土地所有權人板橋林家的後代林宗賢先生，允諾無條件提供土地供奉。於是，觀音就在公園裏的一個角落，從此安座下來，與對面的大雄精舍相互輝映。周圍並有柳樹、綠地，成爲臺北市民一個可以圍繞、跑香散步休閒的好去處。

早在一九九二年，臺北市政府徵收土地計畫闢建公園時，大雄精舍住持明光法師便代表民衆向市府陳情，希望能保留此一觀音聖像。經市長黃大洲的裁示，在一九九三年九月發文給明光法師，明確指出：「有關本案大安七號公園用地內的觀世音像一尊，經查係名雕塑家楊英風教授作品，經本府深入研析結果，爲維護藝術、文化氣息，在捐給本府維護管理原則下，准予保留……」

這本來是一件很美好的事情，但是大安公園附近的基督教靈糧堂，裏面的牧師看不習慣，便上書市政府，要求清除大安公園的觀音像。最初，市政府並沒有採取行動，但最後經不起靈糧堂的催促、抗爭，市政府便有意要把觀音像遷移到淡水關渡去。這時候，明光法師纔真正著急起來，與昭慧法師，以及有「小霸王」之稱的「立法委員」林正傑，發起「觀音不要走」運動。

實際上，觀音像要遷移這件事，在市政府裏面已經有了腹案，這時候再發動「觀音不要走」，情勢並不是那麼有利。尤其佛教的護法並不多，因此明光法師、昭慧法師他們非常著急，三番兩次到臺北道場求助於我，希望我能出面協助，尋求解決的辦法。

當時，我也感到為難，因為我和政界從未攀親敘舊，像這樣的事情，都要有人力纔能處理，所謂「朝中無人莫做官」，你在當朝沒有力量，講話就不算數了。

經過多次的協調，甚至昭慧法師他們在觀音像周圍掛起布條，訴求「觀音不要走」，並且發動信徒到那裏日夜靜坐稱念觀音聖號，祈求觀音自己能發揮威力，從「觀音不要走」到「觀音不肯走」。到最後，看到政府無動於衷，靈糧堂也不肯讓步，演變成昭慧法師他們就地絕食抗議。

我為了此事，特地到靈糧堂找一位林牧師談判，希望取得雙方的和解。我表示，這尊觀音像已經供在那裏很久了，既不妨礙景觀，也不妨礙交通，又是享譽國際的藝術家楊英風的作品，讓他在公園裏，倍增公園美麗和平的氣氛。但是那時候，林牧師志在必勝，不肯讓步。他說，他們的信徒認為，公園是一個公共的地方，不可以讓某一個宗教有一己的宗教色彩。雙方僵持不下，但仍然沒有人出面處理。

不得已，我請臺北市「議員」江碩平協助，由他邀約基督教周聯華牧師，一同和臺北市黃大洲市長在市政府裏會議。那一天，黃市長因公務非常忙碌，一直到晚上七八點鐘，協調會議纔開始。

我開宗明義告訴市長，這件事情已經引起佛教信徒的氣憤，他們認為，市政府已應允在先，現在又要觀音離開大安公園，實在欺人太甚。明天他們將發動全省各地三百部遊覽車的人員，從南部北上，到臺北來靜坐抗議，訴求「觀音不要走」。

黃市長一聽，嚇了一跳，他說：「這還得了，假如這三百部遊覽車上來臺北，臺北交通要癱瘓了。」確實，因為那時候，臺北正在進行捷運地下化工程，又有市民大道的建設，可謂交通黑暗期。那時候的臺北市，連一二十部的遊覽車都沒地方停放，哪裏能再容納從外縣市來的這三百部遊覽車呢？

黃市長深知事關重要，反過來要求在座的佛光會秘書長慈容法師說：「你們的遊覽車萬萬不能上來，關於觀音像，我們再從長計議。」

就這樣，一場談判直到十二點多纔結束，三方達成共識：觀音可以留下來。我們即刻趕到大安公園，把這個喜訊告訴在場靜坐的許多法師和居士們約百餘人。大家聽了歡喜雀躍，許多人流下感動的眼淚。而此時，已經是午夜兩點多鐘了。

後來，臺北市政府正式發文，承認這尊觀音為藝術品，將永遠保留在大安公園裏。此事至此，終於獲得一個圓滿的解決。

其實，這件事情所以能獲得急轉直下的解決，主要的，要感謝昭慧法師以及佛光會的會員。那時候，在一九九一年成立的佛光會，到一九九四年，在全臺灣已經成長為擁有四百多個分會，以及百萬名以上的會員團體。如果讓佛光會的這許多會員們都來參與「觀音不要走」，一定會造成社會羣眾運動。所以，市政府後來再也沒有談起要讓這尊觀音離開，自然的，也就符合了大家的希望：從「觀音不要走」到「觀音不肯走」了。

這個事件，幾乎要引起宗教的對立。其實我這一生，對於人我之間，就是訴求不要相互對立。例如，我們

百年老誌 ◀
風氣未開的時候——臺北市風俗
作者 陳麟鑑譯

三

在宜蘭接辦基督教創設的蘭陽救濟院（即仁愛之家），一進大門，就可以看到一塊「感謝天主」的石碑。這表示這裏原由基督教設立，只是現在換成佛教來管理，但一樣是爲大衆服務的。（一九六七年，我從董鴻烈先生手中接辦宜蘭「仁愛救濟院」，即今「蘭陽仁愛之家」）。大門牌匾刻著：「感謝我們的 天父上帝並耶穌基督的恩典，能在此地爲祂作救人的見證。」牌匾已移置「如意堂」外，與堂內的地藏菩薩神像，相映成輝。

當時，許多佛教徒要把這塊石碑去之而後快，但我持反對意見。因爲歷史不可毀滅，現在我們能把基督教的單位改成道場，這不是很榮耀嗎？所以，不只他們「感謝天主」，我們也要感謝。後來，儘管仁愛之家經過多次重建，這塊牌子至今還仍然存在。

這些政治上的紛爭，都有關「權」、「利」，比較難解決，尤其有「名」在裏面，有關到「面子問題」，就更不容易擺平。至於民間也有一些糾紛，不過，大部分只是爲一個「利」字，或一個「理」字。爲了利益不均，爲了理不平，有時候，有很多事情，只要大家肯花一點錢就能消災了，我也曾經協助解決過很多這樣的事情。

比方，一九九四年，高雄大樹鄉和海軍軍區爲了水權問題，雙方起了抗爭。原來，海軍軍區、軍艦的用水，都是由大樹鄉的八口井的井水供給軍用。後來，大樹鄉換了非國民黨人士執政，他們要封鎖這八口井，要求海軍給付使用回饋金，否則不准海軍前來大樹鄉取水。軍區裏有數萬人，忽然没有水用了，這是一件很嚴重的事情。

記得那時候，海軍負責人高法鵬先生前來跟我說明情況，我覺得這件事情容易解決。我就跟他們說：「你們付一點費用給大樹鄉不就了事了嗎？」高將軍也接受我的意見。因爲大樹鄉是一個窮鄉，能得到海軍的這一點費用，也算是對大樹鄉的建設有所幫助，而海軍也可以取得用水，彼此不是皆大歡喜嗎？

同在一九九四年，也發生一件著名的紛爭。名電視製作人凌峰和演藝界的名經紀人夏玉順先生，兩人不知什麼原因，在臺北「中山紀念館」大打出手。夏玉順提出驗傷單要求凌峰道歉，否則就提出告訴。那個時候，凌峰因爲主持《八千里路雲和月》節目，氣勢正紅，哪肯先聲道歉？兩人僵持不下，夏玉順一狀真的告到法院去。

後來這件糾紛是什麼因緣來到臺北道場要我幫忙和解，我也記不清楚了。不過，凌峰倒是我很欣賞的人物，尤其在一九九〇年代，臺灣正是掀起一股大陸探親熱的時候，一般人對於大陸的風光聖地，雖不能到，心向往之。透過凌峰的《八千里路雲和月》節目，他那種帶著感性的文采，對於家國山河的介紹，令人聽了心生向往。因此，每次電視上放映《八千里路雲和月》的節目，總不願意錯過。當然，對製作人凌峰先生我不禁欽佩萬分。

說到這裏，我也想起，我也曾經建議電視製作人周志敏小姐，邀她拍攝關於大陸風土民情的介紹，後來，她製作了《大陸尋奇》，引起熱烈的回響，至今播出不輟，成爲電視史上最長壽的社教節目。後來，《大陸尋奇》獲得了金鐘獎的最佳社教節目獎，周志敏小姐在臺北「中山紀念館」參加頒獎典禮時，她甚至把獎項歸功是我的建議。對於《八千里路雲和月》以及《大陸尋奇》這兩個節目，可以說，我都是非常歡喜收看的。

話說回來，凌峰和夏玉順先生，他們從語言的衝突到肢體的衝突，甚至從口角之爭到法院的訴訟，這中間的過程，造成當時社會的轟動。夏玉順先生眼看著已經爭出了勝負，但像他們這種社會的知名人物，如果按照法院的判決，有了輸贏的結果，那在名譽上實在也不好看。

這時候，我商之於凌峰，凌峰態度已經轉爲柔和，只要夏玉順同意，願意息事寧人，雙方和解。夏玉順他也提出兩個要求：一是律師費十餘萬元，要讓凌峰付出；二是凌峰一定要說聲抱歉。

我把他們兩個人約到臺北道場聚餐，握手言和，當然要凌峰說一句「對不起」，這也是容易做到的事情，

百年樹人

風雲不測的社會——救恩佈道草後
作業練二

三二

這一場糾紛，也就這麼平安落幕了。只是關於律師的訴訟費用，我就自己掏腰包默默地解決了。

說到排難解紛，我想，我對於宋楚瑜和吳伯雄兩個人共同競選省長的這件事情，可以說是最用心良苦了。這要從一九九四年，先是擔任「內政部長」的吳伯雄宣佈要競選臺灣省長開始說起。

因爲那個時候，臺灣實行地方自治，第一次要落實民選第一任省長，各方羣雄都眼睜睜看著，希望能躋身其中。吳伯雄宣佈了以後，時任省主席的宋楚瑜，也跟後宣佈要參加競選，並得到時任臺灣地區領導人李登輝先生的支持，當時李登輝還兼任國民黨主席。

當時，吳伯雄已經發出豪語：「我一定要競選省長！」那時候，當局已經有意分出臺北市、臺中市、高雄市作爲特別市，特別市的級別就和省一樣，因此，臺灣省的範圍就縮小了。他甚至說：「就算臺灣省只剩阿里山，我也要競選到底。」這話中的意思就是表示他競選的決心。我們局外人也不知道其中的利害關係，只覺得無論是上臺、下臺，都不是那麼嚴重，但是這許多當事人都非常認真。

當時，我們與宋楚瑜先生還不常來往，但他的聲望極高，而吳伯雄先生和我們常相接觸，尤其他還是國際佛光會世界總會的副總會長，一時瑜亮！這讓我們陷於兩難，是要支持宋楚瑜呢？還是支持吳伯雄呢？

其實，這兩位都是國民黨的政治明星，國民黨讓他們兩人出來競爭，實非國家之福。尤其對手是宜蘭的陳定南，陳定南代表民進黨出來競選；如果國民黨讓兩雄相爭，必定漁翁得利；而國民黨的勝選，必然會遭遇困難。

我記得，在國民黨黨團會議要提名宋楚瑜做省長候選人的時候，吳伯雄都不被允許進會場。此舉更加激勵吳伯雄要競選到底的雄心壯志。我們看在眼裏，知道在臺灣的選舉中，黨團還是有很大的力量，一個人失去黨的支持，必定對自己不利。可是，個人有個人的盤算，我們身爲旁觀者，明知二雄相爭，必有一傷，但也無可奈何。

剛好，我去臺北「中山紀念館」參加反毒總動員大會師的授旗儀式。會中，吳伯雄起身來到我的座位前，他希望在大會結束之後能和我談話，我立即應允。那天，正逢「提姆」颱風過境，於是，我們就在風雨中一起回到臺北道場。

談話一開始，吳伯雄先生向我訴說爲競選省長之事苦惱，因爲參選會傷害國民黨，不選，又會得罪多年來爲他造勢的朋友。這時，我趁勢告訴他，選舉有勝有負，敗了固然不好，但是勝了又如何？我認爲人生中，前面的世界只是一半，在退讓當中，往後一看，後面的一半，還是美好的世界！一個偉大的人，要能做一個皮箱，當提起時提起，當放下時放下，當前進時前進，當後退時後退。

我告訴吳伯雄，他和宋楚瑜兩人都是高手，爭取參選省長，這場競選的後果，對國民黨與個人來說，都會很難堪。其實，佛法中的慈悲，就是當沒有人願意做的時候，我們就要奉獻；而當已經有人在做了，我們就讓賢。兩個高手，一進一退，大家都有利。總之，我的意思就是要表達，「退一步想，海闊天空，讓他三分，何等自在」！

三小時的長談中，吳伯雄時而凝神細聽，時而哈哈大笑，相信他對於未來的方向已有自己的琢磨。

隔日，臺中省黨部動員月會要我去做一場講演，我在陰雨的天氣裏，從臺北到了臺中。當時，省黨部的主任委員是鍾榮吉先生，和我一向交情深厚。因爲他從《聯合報》的採訪主任要出來競選「立法委員」的時候，就是從佛光山誓師出發，所以他一直把佛光山當作是他政治生涯的起點。

鍾榮吉先生見了我，自然就談起了省長選舉的事情。不知怎麼地，觸動我一個靈感，於是在講演中，我談起了「老二哲學」。我說，做老二也不比做老大更差，我在家上有一兄，下有一弟，我是老二，我根本就不要

父母煩心，老大長大了，穿過的衣服，當然讓給老二繼續穿；出家以後，上有一個師兄，我也是老二，凡是師兄不要的東西，都是我來接受，所以我也不要師父煩心。我覺得做老二的人，看起來輸老大一分，但在另一方面得到的更多……

隔日，各大報紙的頭條新聞，都是刊登吳伯雄退選省長的有關消息，「中央日報」、「中國時報」、《聯合報》、《民衆日報》等，都指出吳伯雄的退選，與前天我和他的一番長談有直接的影響。而省黨部主任委員鍾榮吉隨即發表談話，引用我在省黨部的講話內容，讚嘆吳伯雄的胸襟與氣度，印證了我所說的「老二哲學」。

大家各說各話，不過我所知道的，吳伯雄真正的退選，我的影響力固然是有，但最重要的，是他的父親吳鴻麟老先生要他退讓。所以一場風波，就此煙消雲散。在我認爲，吳伯雄退選是一種難得的智慧與勇氣，因爲心中放下了長期以來的煩惱，足見他有了相當程度的領悟。懂得捨得，放下，纔真是了不起。

由於吳伯雄的退讓，後來宋楚瑜纔有那樣子的力量打敗陳定南當選首任省長。之後，宋楚瑜與佛光山也有些來往，他參加競選臺灣地區領導人時，曾在山上住過；在臺北道場，我們也有過幾次的餐會見面；甚至，他也要我幫他力勸吳伯雄做他的副手。

尤其，在二〇〇〇年，宋楚瑜要我替他新成立的黨起一個名字。我曾經爲店號、信徒的兒女取名的經驗，但爲黨起一個名字，這還是頭一次。不過，當他的黨叫「親民黨」的時候，我覺得有一個更好的字眼，叫「公黨」，取自「天下爲公」意思。

因爲孫中山先生就是主張「天下爲公」，這是民衆可以接受的。你既然要參與政治，就要有這種「公天下」的胸懷，爲「公天下」的發心。如果只是「家天下」，就會變成是自己的事業，像王永慶有「臺塑王國」，張忠謀有「臺積電王國」，郭台銘有「鴻海王國」。但是企業王國，都是集團的人所共有，集團的人所參加，而參與政治的王國，一定要有「公天下」之心，國家是每個人都有份的，如果「民不在吾心」，那參與政治有什麼意思？所以，有謂「民在吾心」，是不容易做到的啊！

行文至此，讓我想起了佛陀當初在印度也有調解諍訟的紀錄：

當時，阿闍世王想要征討越祇國，不知道這場戰爭勝負如何？他爲了慎重起見，特地派遣雨舍大臣去請教佛陀。

雨舍大臣因爲戰爭要去請問愛好和平的佛陀，感到非常爲難，但也不敢有違王命。佛陀請雨舍大臣坐下之後，沒有跟他講話，就只是與阿難做了一番對答：「阿難！你見過越祇國的人談論過政治嗎？他們的政治是不是自由平等呢？」

「我聽過他們談論政治，他們的政治非常自由平等！」阿難回答。

佛陀又問道：「阿難！你有聽過嗎？越祇國的人有教育，從來不做不法的事，一切都很合乎禮度。」

「佛陀！我知道越祇國的教育非常普及，無論男女老少，都很守法愛國。」

佛陀說：「如果是這樣，全國老少都有受教育，尊崇禮教，他國的侵略，必定是不會勝利的。」

佛陀陸續向阿難詢問有關越祇國的信仰、民風、言語等等。最後佛陀慈悲嚴肅地對阿難說道：「阿難！你和我到過越祇國，知道那邊的國情，越祇國並不畏懼他國侵略！」

雨舍大臣聽到這裏的時候，沒有等到佛陀說完，就站起來向佛陀頂禮說：「佛陀，我領教了。我懂得越祇國的人民，他們有道德、有同一信仰、思想、意志、行爲，他們全國上下團結一致，是不會被征討而亡國的。謝謝佛陀，失禮了，我先告辭了。」

這就是佛陀爲國家之間所做的排難解紛。現在，我輩弟子也是滿心祈望世界和平，人民安樂，不要有紛爭。

和員警捉迷藏——我初期弘法的點滴

身爲出家人，所謂「弘法是家務，利生爲事業」，這也是我一生的職志。我覺得，我所以出家，「弘法利生」本就是應有的使命感。

弘法，是將佛陀的真理普利大衆，這對道德的提升，對人心的净化，對社會風氣的改善，對人我次序的建立，都有正面的影響。只是，弘法的過程，經常也會遭遇困難。

例如，當初佛陀在世的時候，雖有萬千信衆的歡迎，但也有少部分的人給予刁難。乃至於佛弟子，神通第一的目犍連尊者，給外道用亂石打死；説法第一的富樓那到輸盧那國佈教，遭受抵制；在印度佛教史上，龍樹、提婆、無著、世親等尊者，他們在傳播佛陀真理的生涯中，也都遭遇到許多的困難。

甚至佛教傳到中國之後，也歷經了許多教難，從「三武一宗」法難，一直到近代太平天國的破壞寺廟、馮玉祥的拆寺逐僧、邰爽秋的廟産興學，以及「文革」的毁佛等等。但是當中也有很多的古德先賢，他們抱著「但願衆生得離苦，不爲自己求安樂」的發心，和「將此身心奉塵刹，是則名爲報佛恩」的立願，犧牲奉獻、奉獻犧牲。每每在我讀到這許多高僧大德的事跡時，不禁也要熱血沸騰，興起效法的願心。

在我一生弘法的歷程中，也曾遭遇諸多困難。早在我要來臺灣的前一年，人在南京華藏寺，就曾經爲了佛教的革新運動，和教内、教外的惡勢力幾次過招。隔年，一九四九年來到臺灣之後，弘法利生的困難之路，更是於焉開始。

先説我在新竹青草湖「臺灣佛教講習會」教書的時候。那時承蒙新竹縣佛教會要我每個星期六，到新竹市城隍廟前的廣場講説佛法；但是，青草湖的派出所不知奉誰的命令，卻毫無理由地不准我前往。我想，我並不是張學良，也不是孫立人，還不夠資格被限地居住，因此就向派出所提出抗議。當時蒙受一位員警好意，對我説：「你可以去講，但是每次去的時候都要先到我這裏備案。」横豎我們光明磊落，就是報備了也不會壞事，所以每一次出門，我都會去向他請假。

在這之前，我於中壢圓光寺居住，員警先生大概是礙於妙果老和尚的面子，都是白天前來查對户口，探看我們是否安住寺中；但是到了新竹青草湖，員警則經常是半夜三更來敲門，説是要查户口。甚至到了一九五三年，我初到宜蘭的時候，也經常在半夜被叫起來對户口。本來很平静的生活，就給這樣的干擾，弄得風聲鶴唳，草木皆兵。

我從新竹來到宜蘭，目的當然也是爲了宣揚佛法。不過那時候，我知道光是口頭講説，並不能引人入勝，所以就買了一臺擴音機，大小幾乎如大鼓一般。透過擴音機擴散出去的音聲，也就更爲好聽了。同時，爲了引起信衆的注意，我從日本買了一些佛教故事的幻燈片，如「貧女的一燈」、「鬼殼的面具」等等。只是，那些幻燈片的畫面，難免有日本文字出現，一位派出所的警員看了，當場就叫我停止放映。這也很難怪，因爲那個時候臺灣纔光復不久，正要去除日本文化，我怎麽可以放映日本的幻燈片呢？

但是，話再説回來，教育並不是政治，實在不應一概地泛政治化。不過無奈於時局，我也只有服從指示了。没過幾天，不可思議的事情發生了，這一位姓鄭的員警跑來找我，説是長官指示要舉行員警考試，想要借用我念佛會的講堂作爲考場。我想起他不准我播放幻燈片，以及半夜藉故查户口的事情，也就不客氣地説：「不借！」

當然，他只有把我的拒絶，回報給他的長官分局長。分局長知道了，也不避諱地就跑來找我。我一見到是分局長來，趕緊藉機就説：「分局長，你要借用場地舉行考試啊！没有問題，歡迎、歡迎！我只是因爲剛纔那

位員警經常來找我們麻煩，纔不肯借給他。現在分局長你出面，一定是沒有問題的。」

沒過幾天，那位姓鄭的員警就跑來跟我說：「你害得我好苦哦！我現在被調到太平山去了。」那時候，太平山和宜蘭之間，來回都要一天、半天的，交通不是那麼方便。聽了他的話，心裏想了一下，我說：「鄭先生，給人方便，就是給自己方便；你給我不方便，當然你也就得不到方便了啊！」

總之，我在臺灣的弘法活動，經常要和員警應對，甚至偶爾來個捉迷藏，到後來也變得很有經驗了。

記得是一九五四、五五年左右，我們在宜蘭縣一個叫作「龍潭」的村莊，利用臨時找來的汽油桶，上面鋪蓋二塊木板做成舞臺，再以十二塊錢，裝了一盞電燈泡照明，就開始說法了。

說法途中，有一個員警忽然出現在汽油桶旁邊，也就是我的脚邊，對著我說：「下來！下來！」我低頭一看，是一位服裝穿戴整齊的員警，心裏立刻料想到，他叫我下去，必定是不准我在這裏說法，如果我不下去，恐怕會惹上「妨礙公務」的罪名；可是如果這時候下去，又怎麼對臺下的聽衆作交代呢？不得已，我就叫了在一旁的吳素真小姐，也就是現在的慈容法師。我說：「你先來唱個歌，安撫一下信徒，我下去一會兒。」

到了臺下，我劈頭就問：「你叫我下來做什麼？」

員警說：「不可以集衆！現在是『戒嚴』期中，你違反『戒嚴法』！」

我說：「這是一種社會教育，也是民間的娛樂，對社會是有幫助的。」

他卻說：「不行，你趕快上去，叫大家解散！」

我看他那激動的樣子，知道沒有辦法再和他多說些什麼道理，只有說：「若要解散，你上去宣佈！」

他一聽，責怪地說：「我怎麼可以上去解散？應該由你上去宣佈！」

我說：「不行！是我叫他們來聽我說法的，我怎麼能叫他們解散？如果你不上去宣佈，那就只有請你讓我繼續講，講完了以後，自然解散。」

他聽了以後，也覺得沒有別的辦法，就狠狠地丟下一句話：「你可不要出了問題！」

我說：「不會有問題的！」

看他口氣鬆下來，我就又回頭上了臺，把這一場弘法大會做一個圓滿結束，最後大家當然是自然解散了。

最初我在臺灣的弘法佈教，到處遇到困難。其實，員警爲了阻撓我們弘法，常說的「戒嚴」，也只是一句藉口罷了。實際上，那時候基督教可以隨意打鼓吹號，牧師傳教可以到處拉路人聽講，他們都沒有遭受爲難；只有佛教，因爲風氣未開，所以經常遇到困難，不但不准我們在露天廣場集會，有時候連要去監獄佈教也遭受阻礙。

監獄向來允許各宗教爲受刑人施予感化教育。像我初來臺時，在新竹、臺北都有過監獄說法的經驗；到了宜蘭，也是照常熱心地爲社會服務，到監獄裏，給予受刑人一點佛法教育，幫助他們改心向善。但是後來，宜蘭監獄有一位姓居的教化科長，竟然叫我不可以講佛教，只可以講儒家。我說：「牧師都可以講基督教了，我爲什麼不能講佛教呢？」他卻說：「你如果老是『阿彌陀佛』東、『阿彌陀佛』西，不斷地提『阿彌陀佛』，我只有不准你來。」

當時，我很喜歡宜蘭監獄裏的教誨堂，裏面供奉的一尊一公尺高阿彌陀佛聖像，非常莊嚴，是我過去所未曾見。我經常藉著講演的因緣，來看這尊佛像。現在既然他感到爲難而不准許我進出，我也只有作罷了。

但是，後來他卻托人來詢問我：「這尊阿彌陀佛像賣給你，要不要？」我一聽非常歡喜，籌措了兩萬元就請回了這尊佛像。後來，我還把這尊阿彌陀佛聖像翻版複製。假如說現在臺灣佛教界裏，哪個地方立有一米多高的阿彌陀佛像，大概就是當初宜蘭監獄阿彌陀佛聖像的千百億化身了。像現在宜蘭佛光大學光雲館裏供奉的阿

彌陀佛聖像，就是這尊佛像的複製品。至於原版，我則已不記得到哪裏去了。

過去，我年紀輕，體力充沛，活動力强，所以在宜蘭、頭城、羅東等地都成立了念佛會，後來甚至遠到臺北、虎尾、龍巖，也都分別設有念佛會。尤其宜蘭到花蓮雖然路途不是很遥遠，只是蘇花公路驚險萬狀，也就讓一般旅客視爲畏途。但是在我的想法，既然説要「佛光普照」，那麼我就應該到花蓮去弘法。

其實，一九五二年花蓮發生大地震時，我就曾經代表佛教會到花蓮結緣、救濟。只是那時候，我的能力有限，沒有辦法，只能盡一點心意，給予一些舊衣服、一點金錢的救助。

應該是一九五五年左右，我終於到了花蓮弘法。那時候我們弘法佈教，既沒有廣告，也沒有據點，更沒有預先的聯絡、通知，到達花蓮以後，弘法隊的青年一起坐上三輪車，車上放了一部放聲機，就出去宣傳了。宣傳的詞句，還是我替他們撰寫的。我記得是：

咱們的佛教來了！咱們的佛教來了！

今天下午七點鐘，在某某廣場，有某某法師，跟大家講説佛法。

咱們的佛教來了！咱們的佛教來了！

但是，還不到晚上七點，花蓮警察局就派人四處在找我：星雲法師是誰人？在哪裏？最後他們找到了我，還把我送進警察局。員警見到我，第一句話就説：「你怎麼可以到花蓮來傳教？」

我也很不客氣地就回答：「我在臺北到處傳教，花蓮是什麼化外之區，不能講説佛法嗎？」

「嗯？」他一聽我的話，原本强硬的態度即刻緩和了一些。

我想，大概是因爲聽説我從「臺北」來的吧！臺北是一個卧虎藏龍的地方，眼前的這許多人究竟是何方神聖，他難以料知，在摸不清底細之下，只有勉强放下身段了。就這樣，我拿出一個「臺北」來唬他，也能收到一點效果。最後他説：「那好，你要注意交通安全，可不能出事情哦！」

我説：「這是一定要做到的。」向他道謝後，我離開了警察局。

弘法本是好事，更何况信徒們各個都是善良的聽衆，並不像現在的街頭運動，參與者往往採取激烈抗爭。我們既無口號，也無訴求，只是聽一點做人、齊家、愛國的觀念，這有什麼不好呢？

我到宜蘭的同時，高雄市的法緣也接踵而至。所以，後來我便經常在宜蘭、高雄兩地奔波。那個時候，從宜蘭到高雄要坐上十幾個小時的火車，時間相當漫長。但是利用這一段時間，正好也讓我完成了《人生》雜誌和後來《覺世》旬刊的一些文章。

不過，在高雄的弘法，倒也不是都那麼順利的。最初我在苓雅寮高雄佛教堂廣場上講説《普門品》，每晚聽衆都在千人以上。但是叫人氣憤難平的，總有很多基督教徒穿著他們「神愛世人」的背心，在佛教堂門口散發傳單；我們温和善良的佛教徒們看了，卻都不敢提出抗議。當然，我知道原因是什麼，但也由於他們有後臺支持，力量很强大，我們只有忍氣吞聲了。

從高雄佛教堂而後建了壽山寺。壽山寺在一九六四年左右纔剛剛建好，還沒落成，高雄要塞司令部就透過市政府傳來了一封公文説要拆除，理由是超高，妨礙軍事目標。我一看，只覺慚愧，真是沒有福氣，一定會給佛教界笑話：你看，星雲某人，不是説要建寺嗎？好不容易建起來，現在又被拆除了！

不過，這時許多信徒都在醞釀，要到市政府去請求收回成命。我心裏盤算，要塞司令部是軍方單位，必然是聽不進市政府的意見，更何况這還是他們命市政府來執行拆除的？真正要拆除壽山寺的是高雄要塞司令部。

所以，我只有安慰信徒，請大家稍安勿躁。隨後，我拿了身份證就前往要塞司令部。從壽山寺到要塞司令部，不需幾分鐘就到了。我在門口做了登記之後，警衛就放行，讓我進到他們的辦公室。這時一位上校早已接

獲電話通知，威風十足地從裏面走了出來。我具備軍階的常識，所以看到他肩膀上有三朵梅花，立刻就知道他的階位。

他一見到我，開頭就問：「你有什麼事嗎？」

我說：「上校先生，我是爲壽山寺的事來的，但是我來，並不是請求你不要拆除壽山寺，你拆了壽山寺之後，我到其他寺廟去掛單也是可以。只是，有兩件嚴重的問題，我不得不告訴你。」

他聽了之後，很大聲地說：「你說！哪兩件事？」

我進一步解釋：「前兩天，越南的吳廷琰總統被殺害了，搞得越南這個國家動亂不已，你知道爲什麼嗎？就爲了掛佛教旗的事。因爲吳廷琰總統是天主教徒，不准許民衆掛佛教旗，所以引起廣德大師自焚，社會紛亂，連總統也被殺害了。現在壽山寺是全高雄市的信徒們出資，纔剛興建完成的，你下令叫高雄市政府拆除，這就等於拆除他們的家一樣，比起一面佛教旗，事情還要更嚴重，其後果會是什麼樣，我真是不敢想像。」

我又說：「第二件事，現在大陸也正因毀壞寺廟、解散僧人、喧騰國際；假如在你拆除壽山寺時，忽然來了一位新聞記者，拍了一張照片，之後傳送到海外的報紙發表，那麼，當國際得知臺灣一樣在毀滅佛教時，恐怕也是難爲情的事了。」

他聽了我的話之後，很緊張，趕快就問我：「那怎麼辦？」

我說：「要怎麼辦？很簡單，你重下一道命令給高雄市政府，叫他們不要拆除壽山寺就好了。」

他立刻說：「我照辦！我照辦！」滿天的烏雲，就這樣消散了。現在回想起來，我也是很勇敢的。

當年壽山寺遭遇的困難可謂不一而足。壽山寺位於壽山公園的路口，那時候，爲了讓佛學院學生可以到處去參學，我們買了一部中型巴士，固定停放在壽山寺門口。但是壽山公園的管理單位卻不肯讓步，一直認爲我

行佛篇二
和員警捉迷藏——我初期弘法的點滴

們的車子是停放在他們的公園裏。不過，由於他們只是一個公園的管理所，並不是武裝部隊，不能強迫我們做什麼，事情也就緩和了下來。

可是過不久，他們竟然想了一個方法來對付我。他們請了人在公園的入口處，砌了三個臺階，明眼人一看就知道，這分明是要讓我們的中型巴士無法開上壽山寺門前。事發那天下午，我正在爲信徒舉行皈依典禮，有人通報我：「公園管理所把我們的坡道拆除，說是要在那裏做臺階。」

緊叫信徒洪淑貞說：「你趕快去替我阻止，不要讓他們把坡道破壞了。」但是，她哪裏敢？旁邊還站了員警呢。

我一聽，非常生氣，想著：那坡道是我修建的，就算你要拆除，怎麼能不知會我們？何況這是門口！我趕於是我匆匆地把皈依典禮結束，連海青都來不及脫掉，就立刻趕到了現場，指著員警說：「你真是不懂事，怎麼敢來拆除這個坡道？難道你不知道嗎？前天，蔣夫人纔來參觀視察婦女習藝所，假如你把坡道拆除，下次她再來，車子開不上來，她的安全你能負責嗎？」當時婦女習藝所，就位在壽山寺的後面，進出都得經過壽山寺。

他給我這麼一講，嚇得不知如何是好。我接著說：「你趕快把它修復好！我爲了蔣夫人的安全，在這裏花錢做坡道，你卻來這裏搞破壞。」

我自知是蠻理，但他也不敢得罪蔣夫人。你們用蔣夫人做背景，我也用蔣夫人做背景，所以這個坡道至今四十多年仍然保持原狀。

臺灣光復後的初期，當局給予佛教的自由空間很少，帶給佛教徒很大的壓力。尤其，每天的報紙都在批評拜拜，說要取締拜拜，可是竟然沒有一個佛教徒敢站出來說話。爲此，我挺身寫了一篇評論文章，贊成改良拜拜，不應取締拜拜。我說：既然拜拜是浪費，那麼許多達官貴人每天在飯店裏喝酒跳舞，難道就不是浪費嗎？

老百姓藉拜拜之名，即使有一些吃喝之事，也是他賺來的錢財，難道娛樂一下就叫做浪費了嗎？

再說，若以社會活動的觀點來看，農工商界花錢拜拜，趁此聯絡親友，不也是一種交流聯誼？就是把錢都拜完了，他努力工作，明天不就又賺錢了？只准達官貴人玩樂，不許民間拜拜，這個社會未免也太不公平了。因此，我主張改良拜拜，只要不殺生、不比賽、不鋪張浪費，用香花素果來拜拜，可以淨化身心，又有什麼不好呢？

當然，當局是不會認錯的。只是後來再也沒有聽到人說「取締拜拜」這句話，幾十年來，媽祖的迎神賽會，各個神廟的廟會，都能很正常的發展。

說到政府單位，過去民政廳有一位科員，經常用一些單行規定來找佛教的麻煩。例如，寺廟要會同鄉鎮公所纔可以開功德箱；每個月要把賬目張貼在門口；修建寺院不可以超過五萬塊錢……爲此，我也不斷地和民政廳抗爭。

好在後來遇到廖福本、高育仁這許多民意代表、長官，事情纔慢慢改善。高育仁先生，就是現在新北市市長朱立倫的岳丈，曾經做過臺南縣縣長，後來擔任臺灣省「議會」的「議長」。

對於弘法傳教，不管遇到什麼艱難困苦，我都是不畏懼的。那時候，宜蘭有一位青年叫鄭秀雄，就讀臺北師範學院（今臺灣師範大學），他邀請我去師範學院做一場講演。在我來說，這本是一件很平常的事情，因爲像中興大學、成功大學等學校，我都曾經受邀前往講演過。但是，就在我即將於臺北師範學院講演時，儘管海報都張貼出去了，我人也從宜蘭到了臺北，準備要趕往師範學院，這時在臺北車站等我的鄭秀雄，卻是很落寞。待我抵達車站後，他失落地對我說：「師父，學校不准您講演。」

我雖很意外，不過也能接受這樣的事實，學校既然不准許，我不去就好，這只不過是一場講經說法，事情並不是那麼嚴重。於是我就安慰他說：「不要介意。」

後來我想，師範學院既然不准，我就到臺灣大學試一試。只是臺灣大學聽說師範學院不准我去，就更加不願意了。那時候的佛教，沒有什麼發言的力量。不過，當我把日本的出家人，駒澤大學榮譽教授水野弘元先生請來臺灣時，我曾打電話到臺灣大學詢問：「日本有一位名學者來臺灣，貴校願意接受他去做一場講演嗎？」那時候我是抱著一股不服氣的心理去聯絡的，想著：臺灣的和尚你不歡迎，那我就找日本的和尚來講！

一直到了近幾年，臺灣大學政治系張亞中教授邀請我到學校講演「禪門的自覺教育」，乃至後來校方找我在他們的「名人講座」中，講述「我的學思歷程」，由李嗣涔校長親自接待主持，我終於扳回了三四十年前拒絕我到師大、臺大講演的一口氣。

說起弘法佈教的辛酸，尤以在「中華電視臺」播演佛教節目的過程，最令人感到不平和傷心。話說過去我每年雖然都在臺北「中山紀念館」講演三天，但也受到館方的種種牽制和刁難。每一次爲了發給的門票數目，一定要計較一番，可是他們就是不肯多發一張。甚至於到了講座當天，也一定要在他們規定的，接近講座的時間，纔能入場。有時候，看到信徒在寒冬之中大排長龍，而他們卻怎麼也不肯開門，實在叫人不忍心。最後我只有走上向上級單位訴狀一途，只是上級單位也沒有人願意聽信我們的話。

所以，三十年來，我每年三天在臺北「中山紀念館」舉行的佛學講座，也是一段辛酸史。但也因此，我開始設想在電視臺製作節目，好讓更多人可以聽聞佛法，讓佛教更爲普及。

說到當年在「中華電視臺」製播節目，那時候，我花了大約十二萬元的製作費，製作一集二十四分鐘的節目，並且和電視臺簽下了三個月的播出合約。每集十二萬元的製作費，在四十年前可說是一筆很龐大的數目，但是爲了弘法，我毫不吝惜錢財地就請了白厚元先生擔任製作人。

在製作節目的同時，我心裏也在設想節目名稱。想到佛法如同人間的光明，便將節目定名為「無盡燈」。「無盡燈」這個名詞出自於《維摩經‧菩薩品》的典故，有「燈燈無盡」、「光光無礙」之意。

其時，我已經在報紙上刊登廣告，周知大眾當天晚上七點鐘，將有一個節目要在「中華電視臺」播出，請大家準時收看。可是冷不防地，有一位姓蕭的負責人，卻在當天上午還不到九點鐘的時候打電話給我，說：「這個節目不准播出！」聽聞這個消息，宛如晴天霹靂，讓人難以接受。因為我都已經昭告觀眾這個節目即將播出，你卻忽然說不准，教我如何向信徒交代呢？對我來說，喪失信譽的傷害也實在太大了。再說，我和你訂了合約，也付了費用，又怎能說不播出呢？

這件事情原本是可以到法院按鈴控告的，但是想到光是氣憤也不能解決問題，只有開始設想各種解決辦法。後來，凡是與我有緣的人，我都請他們協助，甚至還找上了郝柏村、蔣緯國先生幫忙，讓他們知道今晚的節目是非播出不可。

其時，在交涉節目播出的過程中，電視臺甚至不贊成我用「無盡燈」這個名稱，自行改名叫做「甘露」。雖然我覺得「甘露」這個名詞過於柔性，但是為了讓佛教節目在電視臺打開一個播出的先例，不得已，也只有勉強接受。

再說那天早上接獲電視臺來電之後，就一直覺得度秒如年，時間一分一秒地過去，那位負責人卻始終不肯鬆口。等待中，不禁也叫我心裏不斷地嘀咕：一個電視節目，怎麼說不播就不播？

後來，我還特地前去電視臺表達我的不滿。我說：「我們早就約好了，你怎麼可以臨時取消？」

他卻回答我：「和尚不能上電視！」因為這個節目的最後，有我三分鐘的說法。

我說：「咦？電視連續劇裏，不也常有很多的和尚出現嗎？為什麼他們可以，我就不可以？」

他竟然還理直氣壯地回答我：「他們是假和尚！」

我真是氣不動：真和尚不可以，假和尚卻可以，這個世界還有什麼公道可言呢？不過，無可奈何之下，我也只有妥協，讓他們把我最後三分鐘的開示剪掉了。猶記得那一段開示，主要是在提倡中元節節約拜拜，這對社會來說，何嘗不是一種教育？可是萬萬沒想到，現在節目卻僅剩二十一分鐘就得草草結束。

我猜想，這件事的背後，一定有高層人士指使他不可以播出佛教節目，否則他豈敢如此大膽決定？

由於最初「中華電視臺」諸多不可以，所以之後再製作的節目，我就搬到「中視」播出；後來，「中視」也說不可以，我就又搬到臺灣電視公司。畢竟他們為了商業利益，要求每次十二萬元的製播費用，我哪有能力長期應付呢？

雖然電視弘法的影響力無遠弗屆，觀眾的歡喜不可言喻，但是四十年前，上電視弘法背後的辛酸和痛苦，不但鮮為人知，也是現代人所難體會的。

不過，後來情況漸漸有了改變，教界很多人在電視臺都擁有節目，而我也遊走在三臺之間，如電視製作人周志敏小姐為我製作，在「中視」播出的《信心門》、《星雲說》；在「華視」播出的《星雲法語》；在臺視播出的《星雲禪話》、《星雲說喻》等節目，幾乎都是每天按時播出。甚至《星雲法語》還曾經在民視播出一段時間。

像這樣每次講五分鐘，電視臺就支付我六百塊錢的情況，持續了好幾年的時間。當然，我不是貪圖這六百塊錢，只是對於能改變社會人士對佛教的看法，心有戚戚焉罷了。甚至於這許多節目，還屢次榮獲「行政院新聞局」「社會建設金鐘獎」的肯定，重新寫下了佛教在電視傳教的歷史。

不過，儘管我得過很多獎，如：「教育部」的「社會教育有功人員獎」，「內政部」、「外交部」的「一等獎章」，也曾得過「臺灣公益獎」；但事實上，「獎」在我的心裏，一點影響都沒有，倒是讓我回憶起當初奮鬥的

過程，固然有一些酸楚，卻也有一些甜蜜。

還記得一九七一年左右，我被「中國佛教會」摒除在外。當時，我並沒有感到沮喪，反而越挫越勇，心想既然不能進入「中國佛教會」的核心，那就改走其他的管道。於是，我與開證、靈根、宏印等法師，以及李中和、王金平等居士，共同發起籌組「中國佛教青年會」。

籌組佛教青年會的目的，並不是爲了追求功名富貴，只是想要弘揚佛法。一來，爲佛教儲備人才。尤其對於沒有財富地位的青年來說，加入青年會不啻是發揮人生能量的最好選擇。二來，佛教實在需要年輕化。綜觀佛菩薩聖像，既沒有鬍鬚，也沒有皺紋，可見得佛菩薩都很年輕，那麼爲何我們要不重視青年呢？

當我把成立佛教青年會的章程、辦法等資料，送進「內政部」的時候，「中國佛教會」得知消息，竟好像世界末日來臨一般，呼號反對，奔走阻止，並且派人向「內政部」請願，不可以讓佛教青年會成立。這也就讓我大感不解：你走鐵路，我走公路；你走航道，我走水道，有什麼不可以呢？事情有那麼嚴重嗎？

有時真是爲了想成就一件事情，十分支持的力量都還抵不過一分反對的力量。終於，國民黨部社會工作會主任蕭天讚先生來到佛光山訪問，要我打消成立佛教青年會的計畫，他說保證我在兩年內，也就是在下一屆「中國佛教會」改選時，讓我當選理事長。

這段話對我來說是一種很大的傷害，好似在做買賣交易。事實上，我成立佛教青年會的發心，並不是以「中國佛教會理事長」一職就可以替代的。再說，蕭天讚先生也沒有資格爲我作保證，如果他明年調職了，或下臺轉換職務了，我去找誰來兌現這個承諾呢？

成立佛教青年會一直以來都是我的志願，但是對於他費盡唇舌的勸說，期期以爲不可，我也只有同情他的處境和困難了。只是這時的我真是心灰意冷了，就對蕭天讚先生說：「佛教，不可爲也；社會，也不可爲也。」

關於成立「中國佛教青年會」的一些資料、章程，分別在一九七八年十二月、一九七九年一月的《覺世》旬刊七五四期、七五七期刊登過。可惜「中國佛教青年會」還沒有誕生，就已經夭折，爲佛教的前途寫上了「不可爲也」的感慨，令人感到惋惜。

後來，曾擔任「行政院政務委員」多年，時任「蒙藏委員會委員長」的董樹藩先生（一九三二年出生，內蒙古人）有一天忽然來找我，要我成立「中華漢藏文化協會」，並表示這個組織能與「蒙藏委員會」同步來往。我很能瞭解他的用意，因爲在當時，蒙藏佛教的問題很複雜。

自從一九五九年，西藏十四世達賴喇嘛私自出走，在印度達蘭沙拉成立流亡政府後，西藏人士對於過去國民黨施予的分化手段，以及對他們的種種欺騙、打擊，便極爲仇視。因此，董樹藩先生也就希望透過我成立「中華漢藏文化協會」，作爲漢藏之間溝通交流的橋樑。

但是我心想，我對西藏佛教一無所知，既沒有和西藏佛教往來的因緣，也不曉得西藏佛教的現況，只憑著這麼一個單位，就能建立雙方良好的關係了嗎？尤其當時國民黨官員給人的印象不是很好，需要你協助時，千言萬語盡是說明他的希望；不需要你時，千言萬語說的都是「不可以」。明知道自己處在給人利用的情況之下，但是想到現在是國民黨主政，我幫忙國民黨，就是幫忙社會，我不給社會利用，又給誰利用呢？最後還是同意了。

「中華漢藏文化協會」成立了以後，我順利地當上理事長。期間，一九八六年，我召開「世界顯密佛學會議」，邀請了西藏佛教四大派系：格魯派、寧瑪派、噶舉派、薩迦派的法王，以及數百名喇嘛，還有學者專家近千人在佛光山集會。

就這樣，我和西藏佛教搭上了橋樑。甚至大寶法王的大弟子泰錫度也曾到訪，向我表示要在臺灣舉辦盛大

的漢藏法會，希望我能贊助他二十萬元美金，作爲籌備之用。我基於他在密教的地位崇高，同時也想，趁此因緣正可以好好合作，促進漢藏文化交流，也就毫不猶豫地給予資助了。

除此之外，大寶法王的第二位弟子夏瑪巴，要我幫助他們興辦佛教學院，我也慷慨解囊，捐助了兩萬元美金。對於這許多點點滴滴的資助，我並不計較多少，只是後來我發覺到，自己好像是代替當局來照顧西藏人，做一些聯絡工作，除了給予一些經費上的幫助，支持西藏佛教以外，絲毫没有什麼力量可言。

因此，做了兩任六年的理事長之後，想想，還是覺得不適合續任，就央求好友，臺中密藏院的田璧雙喇嘛接任理事長。那時候，把這樣一個爛攤子交給他來承擔，我心裏感到很不忍，但也實在是不得已。

田璧雙喇嘛（一九二五年生，安徽郎溪縣人）是一位正直的君子、虔誠的佛教徒，數十年前，他在高雄擔任税捐處處長時，我就和他有來往。他接任理事長之後，行事周全，很令人敬重。一九九八年，佛光山能將西藏貢噶多傑仁波切捐獻的佛陀舍利，從印度經泰國迎請來臺，實際上就是他聯絡十多位法王共同簽字完成的。但是後來卻引發中國佛教協會疑慮，以爲是達賴喇嘛贈送，這實在是天大的誤會了。

以上所説，是我六十多年來的弘法生涯，我没有比别人多一分享受，吃，没有比别人多；玩，也没有比别人多，每天都是工作、工作，照相、照相，訪問、訪問，講話、講話，儘管如此，不管遭遇什麼境界，我一樣過得很自在。

中國農民銀行發行——法幣改革的產物

二佰零二

但開風氣不爲師——我對佛教有些什麼創意

我從小沒有受過正規的教育，甚至連學校也沒有看過，十二歲出家以前，曾斷斷續續到私塾上過兩三次的課，但總加起來時間不會超過兩個月。因爲那個時候到私塾念書，每天要繳四個銅板，四個銅板就可以買兩個燒餅，常常爲了省錢，就不去上學。

我出家以後，近十年的時間都在保守的寺院裏生活，偶爾也有老師來爲我們上課，但次數不多，大部分都在勞動服務中度過。不過我有幸出生在這個新時代，知道自己需要有新思惟、新觀念，要重新估定世間的價值。基本上我的這些思想、理念，沒有人要求我，也沒有人勉強我，是自然地想到要生存，就必須要適應這個新的時代。只是在古老的叢林裏，根本沒有創新的機會，回想我所經歷十年刻板的寺院生活，每天只有排班、禮拜、長跪、砍柴、挑水等。監學老師不准我們看報紙，不准我們用鋼筆寫字，不准看佛學以外的書籍；對於佛經、佛書又看不懂，就這麼悠悠十年，青少年的歲月就這樣過去了。

直到十七八歲的時候，我進入棲霞律學院就讀，很幸運地，老師派我到圖書館，負責照顧圖書。圖書館收藏了棲霞鄉村師範學院圖書館的書，因爲在抗戰初期，師範學校解散，學校的圖書沒有人要，我們就把書搬回寺中。但沒有人管理，也沒有人借閱，我利用管理圖書的這個機緣，閱讀了不少書籍，這時候我忽然感覺自己好像如夢初醒一般，發現人間竟還有這樣的寶藏。

後來，我知道有一位太虛大師，同學們說他是「新佛教」的領袖，我想，我也要以太虛大師做我「新佛教」的領袖。至於什麼叫「新佛教」，我並不懂，不過我知道，這個時代需要改革，需要創新，佛教不能像過去只是契理，重要的是契機。

大約是十九、二十歲的時候，我在焦山佛學院就讀，見到從大後方勝利回京的太虛大師，當時就好像見到佛陀一樣，我情不自禁地趨前向他合掌頂禮。他含笑回應了幾句：「好！好！好！」就走了過去。雖然時間很短，感動之餘，我當下發願要一輩子「好」下去。而太虛大師的弟子，如芝峰法師、塵空法師、大醒法師，及薛劍園、虞愚教授等，都做過我的老師，並聽過他們短期的講課，漸漸地，我懂得「新佛教」的方向，和「新佛教」的目標。

此時，我在焦山佛學院學習的生活起了變化，毅然放棄學業，向師父要求回到祖庭大覺寺禮祖。很不可思議地，也不知道是什麼樣的因緣福氣，家師的一位友人，知道我從南京回來，並且讀過佛學院，就叫我擔任當地一間小學的校長。其間《大公報》、《申報》成爲我開拓新思想和擴大眼界的讀物；而學校雖是小學，也有一些購書的預算，我買很多新書來閱讀。如，胡適之的《胡適文存》、梁啟超的《飲冰室合集》，以及魯迅、茅盾、老舍、巴金的著作等，讓我徜徉在書海裏，思想在雲端裏飛翔，我忘記物質上的困頓，感覺到精神食糧的飽滿，更爲可貴。

二十二歲那一年，徐蚌會戰（淮海戰役）國民黨節節失利，我在南京、宜興已感受到戰爭的殘酷，生命受到了威脅，所以，翌年的春節，就經由上海到了臺灣，那是一九四九年的初春。剛到臺灣時，我什麼都沒有，除了身上的一套衣服以外，僅有的就是一張身份證，和師父給我的十二個袁大頭，就此展開了我在臺灣的生活。

最初在中壢和新竹二年的時間，也讀了不少文史哲的書籍，當然在佛學上也稍有心得。這期間，我寫過一些短篇文章，也發表過幾篇新詩，如《偉大的佛陀》、《無聲息的歌唱》、《星雲》等，憑著讀過幾本書的經歷，我開始了教書和編雜誌的生涯。

一九五三年的農曆正月，我到了宜蘭，「爲了佛教」我想要做一些不一樣的弘法工作。過去在大陸就曾想

田園風尚不為怪
——我怎樣教育孩子愛讀書

[illegible]

過，將來為佛教，我要寫街頭壁報宣傳，要散發佛教傳單，要做街頭講演，要讓佛教走向羣衆。

但在宜蘭，地方很小，也很簡陋，自己的經濟條件更是零。不過，新思想的火花，正在那裏催促著我要點亮佛教的新火種。於是我成立了佛教歌詠隊，組織了青年團、學生會、兒童班，也創設文藝補習班、弘法隊。

為了佛教，我好像什麼都要去做。我要為佛教「但開風氣不為師」；我要為佛教「色身交給常住，性命付予龍天」；我要為佛教「發心走出去」，努力帶動佛教走向人間、走向社會。我好像忽然看到萬千的羣衆在向我招手，我必須要弘法利生，我要為佛教開創新局，雖然不敢說自己有什麼條件，只是我有心。我愈是有心為了佛教，自性海中的力量就不斷湧出，一些創意也就源源不絕地從心湧現。

雖然這許多的創新，在當時飽受保守的佛教界批評，甚至視我為洪水猛獸，但我無暇想他，只一心想著，為了佛教，我要盡自己的一點心力，要讓佛教適應於當代，因此就逐步作了一番改革創新。時至今日，如佛教歌詠隊、錄製唱片、光碟、電視弘法、家庭普照、素齋談禪，不就在各寺院道場弘揚開來了嗎？今舉幾項記錄於此。

音樂

對於唱歌，雖然自己五音不全，但是我知道，音樂是弘揚佛法最有效的利器。初到宜蘭時，我組織歌詠隊，不就接引許多年輕人蜂擁而來了嗎？佛經的十二部經中，散文體裁的長行普徧通行，詩歌的偈頌也很重要；諸佛如來，都有十方信徒讚嘆，萬千的衆生，也希望聽到讚詠的歌聲。

我雖然對文學有興趣，但是沒有學過韻文，對詩歌的韻脚、駢文的對仗，並不熟悉，但我知道音樂對人類的重要。為了用音樂弘法，不得不著手練習作詞，邀請專家譜曲。初期我作了《西方》、《弘法者之歌》、《鐘聲》、《快皈投佛陀座下》、《菩提樹》、《佛教青年的歌聲》等歌曲，不但到神廟的廣場、社會的禮堂、當局殿堂高歌，也到軍營、學校、工廠、監獄裏面去傳唱，引起很大的效果。

我看到回響熱烈，於是擴大歌詠隊的影響，在念佛共修的集會中，把傳統程式中最後的「迴向偈」，用唱歌或祈願文代替，增加大家內心的感動。我並且請人把梵唄讚偈的音律寫成簡譜，有了簡譜之後，大家感覺到，原來佛教的讚偈很好唱，不再只是口耳相傳而已。有了板眼，就更容易學習了。

當然，這麼一來也引起佛教裏一些保守人士的反對，甚至有人倡議說：「哪一個人出來把星雲某人殺了吧。」連這樣極端的語言都出現，但是我想，既然我們已經唱了，就得唱出一個名堂來，於是一不做二不休，在萬分困難之下，我把信徒捐助的淨財，拿去製作錄音帶，甚至製作唱片，擴大歌曲的影響範圍。

總之，在宜蘭的時候，也沒有長老來反對或是讚美，只有年輕人來唱歌。我認為，這是他們在唱歌，這是屬於青年的歌聲，我不必因不同的意見而氣餒，我應該給予青年欣賞和鼓勵。

當時，我也在「中國廣播公司」、民本廣播電臺作過節目，我想，歌聲最多的地方，不就是電臺嗎？電臺每天都會播放很多的歌曲，於是我就再把佛教歌曲推到電臺播放，讓更多的人都能收聽得到。

「佛歌入雲霄，法音驚迷夢……」一九五三年，《弘法者之歌》等諸多佛教歌曲，在電臺播出傳唱開來後，一發不可收拾，人人朗朗上口。心悟法師、煮雲法師、廣慈法師、李炳南居士也都跟著作詞、作曲。後來，臺灣大學呂麗莉教授、臺北工專的吳居徹教授、李中和、蕭滬音伉儷等人，大家都一起響應參與，用歌聲弘揚佛法。

除了傳唱佛教聖歌之外，我也想到，傳統佛教的梵唄讚偈有六句讚偈、八句讚偈等，唱腔很長，如同京戲一般，艱深而不容易學習，所以顯得曲高和寡。然而，梵唄的莊嚴和神聖，卻是無可替代，過去僅僅在佛殿

裏，僧伽們做早晚課誦時唱誦給佛祖聽，爲什麼我們不把它唱給諸佛子們聽，不把它推廣到普羅大衆的生活裏去呢？

所以，從宜蘭歌詠隊出身的慈惠法師、慈容法師，從一九八〇年代開始，就把梵唄的歌聲帶入高級殿堂，甚至到世界巡迴演唱，如：美國洛杉磯音樂中心（Los Angeles Music Center）、柯達劇院（Kodak Theatre），英國倫敦皇家劇院（London Royal Theatre），德國柏林愛樂廳（BerlinerPhilharmoniker），紐約林肯中心（New York Lincoln Center），澳洲雪梨國家歌劇院（Sydney Opera House），加拿大溫哥華伊利莎白女皇劇院（Queen Elizabeth Theatre）等，看到許多藍眼睛、高鼻子的西方人士購票入場，專注聆聽，甚至演唱結束後，還不斷喊「安可」。終於，「佛歌傳三千界內，佛法揚萬億國中」的理想目標真正實現了。

音樂弘傳的廣度，逐漸發展到全世界佛光山的別分院，例如：美國洛杉磯西來寺成立了「佛光青少年交響樂團」，紐澤西也設有佛光青少年管弦樂團；臺北的永富、覺元法師則有專業的「人間音緣梵樂團」等。而嘉義南華大學在開校啓教之初成立「雅樂團」，我樂見其成，並囑學校多予鼓勵，十多年來的發展，如今已成爲世界華樂中唯一的中國宮廷樂團。

二〇〇三年，佛光山文教基金會慈惠法師把我文章中，適合做爲歌詞的文字摘錄出來，編成詞庫，向全世界徵曲，並且持續五六年，在臺北「中山紀念館」舉辦一週的「人間音緣」佛教歌曲發表會。入選的歌曲，讓全球各地的佛光合唱團在世界各地傳唱，已經不計其數了。

值得一提的是，二〇一〇年，作曲家劉家昌先生在臺北小巨蛋舉辦一場三萬人的演唱會，現場演唱他譜曲、我作詞的《雲湖之歌》，聽說頗受好評，可見現代舞臺上的表演，佛教歌曲也受到歡迎。尤其現代喜喪婚慶的儀禮裏，因爲佛教音樂的唱誦，場面變莊嚴了，社會風氣也改善了，更重要的是，人心得到淨化，社會道德自然也會隨之而提升。

百年佛緣

行佛篇二
但開風氣不爲師——我對佛教有些什麼創意

創意是一點星星之火，但是星星之火可以燎原。古時有張良「吹簫散楚」，現代軍歌則鼓舞士氣，提振精神意志。音樂，可以改變氣質，舒展情緒，陶冶性格，增加人生的韻味，唱歌之功也一如梵唄，這又有什麼不好呢？

兒童班

隨著佛教歌詠隊傳唱開來，有時候我也會想：自己當初是怎麼會想到要出家的呢？當時年紀幼小，根本不懂得什麼是了脫生死，也不知道什麼叫斷除煩惱。當然，是有一些福德因緣。不過，現在回想起來，很重要的是，應該是從四五歲開始，外婆就把我帶在身邊，參加了一些善堂的拜拜、法會。再者，聽家人說，我出生一個月後，就寄托給觀音老母做兒子，因此在成長的歲月中，只要看到觀音菩薩身邊的善財童子可愛的模樣，就倍覺親切，覺得我們也可以與佛同在。再加之家境貧窮，想到出家以後可以讀書，可以學做人的道理等等，就促成自己出家的因緣了。

由於自己幼年時這些小小的善緣，讓我後來看到有那麼多兒童，他們也需要有福德因緣，我就把佛教與兒童的關係連結起來，自覺應該爲他們服務。

因此，從一九五〇年代開始，除了開辦慈愛幼稚園，每年宜蘭雷音寺打佛七時，雖然沒有多餘的房舍可用，仍然利用丹墀召集兒童們也來集會，命名爲「星期學校」，讓小朋友們從小透過聽故事，培養善良的人格。

最初只有二三十個小孩，但經過短時間的提倡，一下子就增加到一兩千人。已經讀初中、高中的青少年，正好讓青年團裏的青年，就組織學生會，還在讀小學、幼稚園的孩子，就成立兒童班。我一個人忙不過來時，

百年樂路

[illegible] —— [illegible]
二六

兒童班

[illegible]

設問？

音樂，可以改變氣質 …… [illegible]

[illegible]

……全世界各地的觀光客即團赴 …… 並邀 …… 「中國音我樂團」。

二○○二年，…… 南光山文教基金會慈惠志的的文章中，…… 「的中國音我樂團」。

二○一○年，…… 臺北「中山紀念館」舉辦一場 …… 音樂會 …… 二萬人的 …… 。

[illegible]

其後陸續 …… 演出。如，美國洛杉磯音樂中心（Los Angeles Music Center）、柯達劇院（Kodak Theatre）、倫敦皇家劇院（London Royal Theatre）、柏林愛樂廳（BerlinerPhilharmoniker）、紐約林肯中心（New York Lincoln Center）、雪梨歌劇院（Sydney Opera House）、伊利沙伯劇院（Queen Elizabeth Theatre）等。

[illegible] 一八八○年分開始 ……

主問？

[illegible]

擔任兒童班的老師。例如有一位林老師參與兒童班的教學，五十餘年從未間斷，她就是林清志的姐姐林美月。

回憶起我和這許多小朋友純真的對話，真是歷歷在目：

我說：「各位小朋友，我的家庭都是信佛教的，你們家庭信什麼教啊？」

他們大聲地告訴我：「佛教！」

我又問：「佛教的教主是釋迦牟尼佛，你們知道佛教的教主是什麼名字嗎？」

他們自信地說：「釋．迦．牟．尼．佛！」

我再問：「小朋友，今天信了佛教，應該將來也是信佛教，我們不可以改變佛教的信仰，要永遠信佛教，你們能永遠信佛教嗎？」

小朋友個個堅定地回答：「能．永．遠．信．佛．教！」

那時候，見到這麼多的小孩，我想一個人分一塊糖給他們，只是阮囊羞澀，連糖果我都買不起，更遑論說一個人給一個麵包了。不過，物質雖然貧乏，卻不影響菩提種子的成長，直到現在，這許多兒童班的小朋友，有的甚至都已經從大學教授、高中老師退休了。例如全職在佛光大學擔任義工的張肇、一生在監獄佈教的宜蘭大學講師林清志、前「教育部訓育委員會常務委員」鄭石巖教授等，都是當年兒童班的小朋友。

從宜蘭的兒童班開始，到現在除了全球各個別分院也設有兒童班以外，國際佛光會慈容法師、覺培法師等人也在世界各地成立「佛光童軍團」，並且加入世界童軍組織，成爲會員，每年派遣代表到世界各地學習，讓這些兒童們走向國際。

例如：二〇〇四年到西班牙參加第一屆世界童軍宗教會議，並取得第二屆承辦權；二〇〇五年前往泰國參加亞太地區童子軍大會；二〇〇六年在佛光山舉辦第二屆世界童軍宗教會議；二〇〇九年佛光童軍團至日本本棲寺舉行夏令營暨神奈川大露營；另外西來童軍團有多名童軍升級至鷹級童軍，據說鷹級童軍是美國男童軍最高榮耀。

此外，每年海內外各別分院也都會舉辦兒童夏令營，在臺灣的小朋友們都會回到佛光山來大會師，每一個梯次都是幾千人，還得分好幾個梯次舉行。人間衛視自二〇〇三年起，也爲小朋友製播了一系列的「小小讀經快樂行」、「超級讀經王」、「尋找小狀元」等兒童教育節目，讓經典融入他們的生活中。

尤其，二〇〇四年起，除了在臺灣辦理讀經班外，並結合國際佛光會與香港國際經典文化協會、湖南中華文化學院、馬來西亞麻六甲文教基金會等單位，連續數年分別在香港、北京、臺北舉辦「全球中華文化經典誦讀大會」，吸引大陸、臺灣、香港地區以及印尼、泰國、星馬等國家兒童出席，每一年都有兩千多人參加。

一般人都以爲小孩子吵吵鬧鬧不重要，其實佛經裏說「四小不可輕」，也就是：星星之火不可輕、小滴水不可輕、小沙彌不可輕、小王子不可輕；兒童雖小，但將來都是國家的棟樑，實在不可輕忽。人世間，凡事都靠我們的一念而成就，我只是一念想到自己童年時的好因好緣，就想要爲現在的兒童廣植這許多善緣，相信，這許多種子播撒下去，將來佛教就不怕沒有果實可以收成。

雲水醫院、雲水書車

早在青少年的時候，我就想到佛教要在當代弘揚，需要辦一所大學、一份報紙，尤其是醫療，甚至於養老育幼等善事都應該做，當時大陸也有一些寺廟已經在做施診的善事；一九六一年初，到新加坡訪問，他們的施診醫療就做得相當成功，當時，基督教在臺灣也很興盛，他們辦學校、設醫院，賺了大家的錢，大家還說他們很好，可見醫療是人所需要。那麼，爲什麼佛教不做一些社會所需要的事業呢？因此幾十年後，當慈濟功德會

想要辦一所醫院，在舉行安基典禮時，我也歡喜地應邀前往主持了。

尤其我在離開宜蘭之後，到高雄來開創佛光山，雖然忙於建寺弘法，我想也應該為社會做一些醫療的服務。因此開山之初，就設立了一間小小的診所，免費提供本山徒眾及山下居民看診；但位於本山鄰近的旗山、六龜、甲仙、三民、桃源等鄉鎮都是山區，其中民眾以臺灣少數民族朋友居多，他們生病時，不僅沒有辦法獲得良好的醫療，也不能工作賺錢，還要花錢來為有病的身體療治。尤其，那裏山路遙遠，交通不便，即使是沒有病的人，經過沿路的顛簸也會不適，何況是生病的民眾？真是雪上加霜！

為此，我起了這樣一個想法：送醫療到山區！讓有錢的人出一點淨財，幫助病苦的人醫療。

於是，我們買了好多部「載卡多」的小車，定名為「雲水醫院」。感謝高雄醫學院、長庚、榮總等等許多醫院的醫生，及一些護理人員，都願意前來做義工。每天早上，雲水醫療車載著醫生、護理人員、法師從佛光診所出發，到各個偏遠地區為民眾診療。醫療車為人看診的速度，比人到醫院看診還快速，一部車子從甲地到乙地，一個村落一個村落跑，每天每一部車子，就能為百餘人服務。

但是好事不容易做，那時候，山區有許多基督教堂，牧師在山區傳教多年，有相當的基礎，臺灣少數民族也大部分都信仰基督教，牧師為了穩住自己的信徒，就招呼臺灣少數民族朋友，不可以接受佛教雲水醫院的診療。有一次，我也隨車到甲仙鄉，車子纔剛停好，居民就紛紛集中而來；我竟然看到一位牧師喊叫著：「不可以接受佛教的診療！」不過，純真可愛的臺灣少數民族朋友，他們在身體保養的需求下，依然前來，並說佛教醫療車的藥物比較好，服用以後，疾病較快復原。牧師也無可奈何。

除了宗教信仰間的這些磨擦，在社會上也遭遇一些困難。例如，山區雖然路途遙遠，還是設有少數的衛生所替民眾看病。然而，衛生所平時就很難擔負起民間醫療的全部責任，再加上雲水醫療車一來，幾乎都要關門了。他們就向當局舉告，說我們違法醫療。但是我們雲水車裏的醫師，都是各大醫院的名醫；我們的藥物，都是有名藥廠的正規藥品，由於我們完全行善不收費，當局也難以取締。

後來，我聽到有些信徒感到過意不去，這讓我想到，原來做善事也要顧念別人，不要有「托拉斯」(Trust)的觀念；想來我應該是侵犯了這許多衛生所的權利，雖然我做的是善事，但造成他們不能生存，這也是不圓滿。之後，我對雲水醫療的推動，就有所顧忌，只有把它設立在山下的一棟房子內，取名「佛光診所」，為本山和來山的大眾以及大樹區民眾服務。除了有專業的醫師、護理人員外，並且交由曾在基督教醫院擔任過護理長的妙僧負責。

不過，「雲水醫院」的構想不成，我就把它轉換成「雲水書車」，並且取名為「雲水書坊」。想到偏遠地區的小朋友、民眾不容易閱讀課外讀物，我就提出「我買書，你讀書」(送書到偏遠地區)的想法。每天由車子載著滿滿的書籍，輪流開到幾個村莊、學校，讓大家前來借書。甚至，還有隨車的義工講說故事，或是懂音樂的義工，為大家拉一首二胡、吹一曲口琴。現在也有五十部雲水書車，在各地廣結善緣了。

我的想法是，有錢的人，可以出錢，給沒有錢的人看病；有錢的人，可以捐書、出資，給沒有書讀的人讀書。這樣的理念，可以拉近一點社會上貧富不均的差距。

就好比，佛光山雖設有淨業林念佛堂，提供大眾念佛共修，但南部許多信徒，生活較困難，或多為生活忙碌，要他每個月打佛七，或每天來念佛比較不容易。我就發動北部的信徒到佛光山念佛，他們卻說，路途遙遠，車費很貴，於是我又發起「我找人出車子，你載他來念佛」。也就是說，有的人忙賺錢，沒有時間念佛，他出了錢，有人代替他念佛；或者，想要念佛的人沒有錢來，你替他出車資，護持他來念佛，這樣彼此都有功德。

又例如，我辦《人間福報》主要是鼓勵大家要讀報、勸大家要訂報。但有的人說他有錢，但工作忙碌沒

有時間看報，我就發起「我訂報，你看報」，這樣的方法，也引起許多人響應，至今有一兩萬份就是這樣的讀者。

其實，早在三十多年前，臺北普門寺就推動「普門大開」的運動了。那個時候，素食者要吃一頓素齋都不是很方便，因此普門寺發起「我買米煮飯，你吃飯」，免費請大家來吃飯，也推動得轟轟烈烈。後來，位於松山火車站旁的佛光山臺北道場，人來客往很多，我就發起「以粥代茶」，每天免費供應臘八粥，現在定名爲「平安粥」。你來了，我送上一碗粥，代表一杯茶。有人解渴，有人解飢，對素食者而言，是一個很方便的善舉。

所謂「滴水之恩，湧泉以報」，我之所以設立「滴水坊」，就是要實踐佛法所講的「四恩總報」思想。其中，報父母恩、報師長恩，都容易懂，但是，「報衆生恩」是什麼？如何報芸芸衆生恩呢？

芸芸衆生中有士農工商各行各業，因爲有他們，我纔可以生存在這個世間。士農工商之中，他們偶爾有一點需要，我也纔可以跟他結緣。但是，我的這個理念不容易實施，因爲到處無論一粥一飯，都要付費購買；一茶一水，也少不了錢財的支付，所以各地的滴水坊爲了人事、物料的成本，都還是斟酌收費。

雖說如此，我並沒有氣餒，現在佛光山「佛陀紀念館」裏，我設立了「樟樹林滴水坊」以及佛光山「檀信樓」，只要你肯來，就供應你一碗平安粥，或者是你要吃一碗麵、一碗飯，我不計較你給不給錢。你有錢，可以放一點在功德箱；你不方便，吃過了可以揚長而去，不用罣礙。

佛光山的朝山會館也是一樣。朝山客來了，你吃過飯後，不計較費用多少；甚至，雲居樓的齋堂裏，每天幾百人、幾千人同時用餐，不論你是長居或過客，板聲一響，就坐下來吃飯。吃過了，你離開，我也不知道你往哪裏去？我們不談金錢，如果你有心，想要跟別人結緣，「滴水之恩」，你想要報答，山上的許多殿堂，你都

可以隨喜添一點油香。

「結緣、佈施、報恩」是我設立滴水坊的宗旨。因爲我「有」，纔能報恩；我「窮」，只想接受別人給予，哪裏有辦法來報恩呢？其實，不一定是富人纔能報恩，我們說一句話，給人一點服務、一個敬禮、一個笑容、一個合掌，都是報恩。想到我們吃的、穿的、用的，都是來自於社會大衆的支持，滴水之恩，能夠湧泉以報，這是多麼美好的事情。

「富人一些酒，窮人一年糧」，有錢的人揮霍、浪費；貧窮的人一粥一飯，難以温飽。我想到童年生活的家鄉蘇北，大家過的苦日子，都是一飯難求，現在我們「飽漢要知餓漢飢」，我能擁有這許多，也是來自於十方的成就。所以，過去叢林的語言裏常常有「十方物」、「十方衆生」、「十方大衆物」，表示對來自十方成就的感念與感謝。

因此，我們也應該要有供養心，我爲佛教施衣、施茶、施燈、施粥、施書、施報、施醫，佈施是細水長流，是活水源頭，從甘泉活水裏，點滴給人，將社會的貧富拉平，施者、受者都能歡喜，彼此兩利。

另外，爲了讓美好的佛法教義與日常生活結合，深入每一個人的心中，成爲生活中的一部分，我爲大衆撰寫祈願文，供民衆在家居生活中，可以隨時祈願祝禱；在春節期間，除了讓民衆來到佛光山可以禮佛外，我也設計平安燈供大家賞燈，讓大家點燈祈福；在美術館裏，我透過藝術品的展出，讓大家能夠陶冶性情，提升對美的欣賞等，這些種種，無不都是希望大衆心靈獲得淨化升華。以下先從「平安燈」說起。

平安燈

我生長在貧瘠的蘇北，每天除了看滔滔的揚子江水，看著望天收的土地外，童齡時，沒有像現代兒童那樣

有福報，有兒童的益智節目、卡通節目，或種種課外讀物可以觀賞、閱讀。

然而距離我家鄉二里路之遥的土地廟，每到春節期間，都會掛起燈籠來，雖然沒有多少個燈籠，在那個沒有燈的黑暗時代，燈籠已經是了不起的燈景了。到了晚上，家鄉裏的人開心地扶老携幼，「上燈囉！去看燈囉！」現在回想起來，其實它也沒有什麼花色，應該不叫花燈，就只是幾顆燈籠而已。不過，民間有錢人家的兒童，還是能擁有飛機、圓球、兔子、馬等造型的燈。

我來到臺灣之後，看到春節期間，一些神道寺廟也會張燈結綵，討個喜氣。再加上社會不斷地在進步，不論是供電的變化，或是工藝的設計，都在精益求精，因此寺廟懸掛的花燈，也會結合一些民間信仰故事，讓民衆前往廟裏拜拜求平安外，同時可以欣賞花燈。

在佛教裏，「燈」代表光明，主要講的不是外界的燈，而是要我們把心燈點亮。當時我就想到，民衆也可以藉由點一盞燈，供在佛前，表示點亮自己的心燈。只可惜，在我最初住的寺廟，連供燈擺設的地方都沒有，即便點了燈，也不知道供奉在哪裏。

直到興建佛光山之後，我們開始提倡點平安燈。大家可以在佛前點亮一盞心燈，在走廊上掛一盞紅色燈籠。一燈之美，讓信者和佛祖，在光明裏交流。

在佛光山獻燈的信徒，我都會告訴他們：「今天整個世界，是你們在放光，是你們賜給世界温暖，是你們在驅除黑暗。你們在這裏點一盞燈，佛祖看到；來自世界參拜的遊客，也看到你們的燈光，享受到你們的恩惠。正如禪宗所説：『千年闇室，一燈即明。』」

早年，我們也沒有對外傳播「點燈」的想法，幾十年來，現在所有的寺廟，大都有平安燈的設施，可見得，無論神、佛、人民都要光明，每個人都要點亮心燈。

四五十年來，佛光山從平安燈會，到花藝燈展、花木奇石燈會，慢慢也影響到整個臺灣。現在，每年都由各縣市政府輪流舉辦燈會，每次都有數十萬以上的人前往觀賞。甚至二〇〇五年，時任臺北市長的馬英九先生，向佛光山借用會説七種語言的「鷄年春曉」主題燈「大公鷄」，請它出差到臺北燈節，與大家共度元宵節。二〇一一年的春節，我們的「三好沙彌」也移師到高雄市參加燈會，吸引了不少民衆合影留念。

總之，燈代表光明，代表了真善美，人間有了光明，纔有真善美。從燈的點亮，表達佛光普照，到真善美社會公益的表揚，這不都是我們在爲社會點燈嗎？

佛光祈願文

前面説「點燈」，是藉由佛陀的光明，來點亮自己心燈，若要與佛陀接心交流，最直接的，就是「祈願文」了。

我們做佛陀弟子的人，都希望和佛陀訴説心事，就好像與好朋友通書信、通電話，表示聯誼、關懷。我和我信仰的教主佛陀如何接心呢？我禮拜、我稱念、我讚嘆、我瞻仰……但是在很多的讚美禮拜當中，還是有很多的話要表達讓佛陀知道，讓佛陀聽聽我們的心聲。

過去的信者向佛陀訴説，大部分都是向佛陀提出要求：請佛陀賜給我平安、賜給我幸福，讓我身體健康、讓我事業順利，卻很少關懷社會、關懷別人。佛教的許多讚偈中，有「端爲世界祈和平，地久天長」或是「端爲人民祝康樂，福壽綿長」，但這只是大衆的唱誦，而非個人的實踐。回憶起自己對佛陀的祈願，也是一次又一次慢慢地從信仰中升華。

記得二十歲左右，我與一般人一樣誠心祝禱，祈求佛陀加持，賜給我慈悲、智慧、勇氣、力量，心裏也覺

得這是理所當然。到了三十歲，忽然感到自己太自私，每天向菩薩求這求那，都是爲了自己要有智慧，要能平安。我應該要爲師長、父母、朋友們祈願，希望他們都能幸福平安。我想我有進步，不再自我索求，而是爲別人祈求。

慢慢地，到了四十歲，有一天反觀自照，覺得還是不對。只是自己的父母兄弟姐妹，這也太狹隘了，應該要再擴大。又改爲：希望佛陀爲世界帶來和平，爲國家帶來富强，爲社會帶來安樂，爲衆生帶來得度的因緣。每次祈求完後，心中欣喜，覺得自己在修行上又更上一層樓了。

五十歲了，又覺得不夠圓滿，因爲每次都要求佛陀去幫助别人幸福、平安，那我自己是做什麽的呢？難道我都不能向佛陀學習，爲世界的衆生服務、爲他們解除煩惱憂悲、爲他們帶來平安幸福嗎？

所以，到六十歲的時候，我覺得應該效法諸佛菩薩「代衆受苦，難行能行」。於是我向佛陀告白：慈悲偉大的佛陀，讓我來擔當天下衆生的苦難，您可以測試您的弟子是否能承受世間人情的辛酸冷暖，能幫助衆生安樂，實踐佛陀的大慈大悲，學習佛陀的示教利喜？

這時候，我纔真正覺得我的祈願進步了。我就發心寫了一百篇的《祈願文》，定名爲《佛光祈願文》。我想，發心立願不是口號，是一種修行、實踐。希望大家在誦讀祈願文時，能夠自我升華信心、增進慈悲道德，能和諸佛菩薩交流，體會社會大衆的需要。

我在撰寫《佛光祈願文》期間，想到天下人的父母，我就爲父母祈願：

> 慈悲偉大的佛陀！
> 回想自從我哇哇出生之後，父母生我育我，親人教我養我，
> 我只有受之於他們，卻很少給予報答……
> 假如我擁有榮耀，希望能和他們分享；
> 假如我擁有富足，希望他們也不匱乏……

想到社會上清道夫的辛勞，就想爲他們祈願：

> 慈悲偉大的佛陀！我們感謝清道夫，
> 他們每天比太陽還要早起、比時鐘還要準確，
> 他們的工作就是和髒亂奮鬥，他們的任務就是將清潔給人。
> 讓他們在打掃街道的時候，能掃去自己煩惱的塵埃；
> 讓他們在扶起路樹的時候，能栽植自己心中的菩提；
> 讓他們在處理垃圾的時候，能消除自己累劫的災殃……
> ……祈求您的加被，

甚至於即將生育的孕婦，她們的心情又是如何呢？我也代她們向佛陀訴説：

> 慈悲偉大的佛陀！
> 一個即將作母親的孕婦，
> 她們有患得患失的心情，
> 她們有生男生女的罣礙。
> 希望您施給她們無畏的勇氣，
> 希望您賜予她們無懼的信心……

就這樣，雖然像基督教徒、天主教徒向上帝祈禱、禱告一樣，但是，我們的祈願不只是感恩，我們還要效

百年菜根

◀ 外間風塵不易損——與情慾是真性味溫情

菜根篇二

三

[illegible]

法佛陀的慈悲，關懷天下蒼生。

從早期佛教的寺院裏，就有文疏、表章，代信徒向佛祖宣讀：某某人等供了多少香花、誦多少經咒，在這裏一誠上達，諒垂鑒可，希望佛陀能夠知道。

但是，這樣的迴向多少還是稍嫌功利，佛教重在無相、無我，假如能夠爲大衆、爲社會、爲世界做一些大慈、大智、大悲、大願的祈願，大衆受到這樣的感召，每個人都爲別人祈願，而不是只爲了自己，那麼世界和平，一定可期。

美術館

說起美術館，我一生出家的雲水生活，也可以說是周遊世界。建築上，我參觀過希臘雅典的神殿、義大利的競技場、比薩斜塔、印度的泰姬瑪哈陵、柬埔寨的吳哥窟、緬甸仰光的大金塔、埃及開羅的金字塔；自然的景觀中，見過加拿大尼加拉瓜瀑布的壯闊，欣賞過巴西亞馬遜河的自然風光，也親炙過美國大峽谷的鬼斧神工等。

尤其是世界各地的佛教藝術，如：印度阿姜塔的石窟、敦煌的繪畫、雲岡龍門的佛像、大足寶頂的石刻，雄偉的山河、莊嚴的建築，襯托諸佛菩薩的風姿，慈眼深深地烙印在我的心上。

世界的美，需要發揚，佛教雖然在建築上有雄偉壯觀的殿堂，許多寶塔的莊嚴重疊，可以讓朝山遠遊的信徒各處參禮，但對日常生活、心靈上，在在還是需要美的教育。

因此最早我發起建設道場時，就預備要倡導佛教美的藝術。我不一定用語言來介紹，也可以用雙眼來欣賞美景，用悅耳的音聲，讓來訪者感受到佛法的慈悲攝受。所以，佛光山開山之初，我就建設了淨土洞窟、佛教文物陳列館，希望把善美歡喜佈滿人間。幾十年來，辛苦收集的文物，所費的心思，真是一言難盡。

記得一九七一年左右，我隨團到日本進行宗教交流，身上僅剩一千日元吃一頓午餐，看到大陸的文物「木刻如意」流落在日本，我忍著飢餓，省下那頓午餐的費用，將如意買下來帶回臺灣。

幾次出訪，我也可以買幾個紀念品回臺灣送人，彼此皆大歡喜。但是，看到散落海外的石刻佛像，實在於心不忍，決定還是把錢用來買下這些石刻佛像。早期，曾經因爲飛機托運的限定，我就把佛像隨身帶著擺在腿上，經過幾個小時的飛行，抵達臺灣時，雙腿都麻痺了。甚至還遭受同道之譏，說我是「跑單幫」經營生意。我也不加辯解，因爲我知道自己完成一件美的收集。

我曾請旅美畫家李自健先生閉關一年，專心繪畫《人性與愛》系列作品；我也邀請美學專家高爾泰先生畫了百幅《禪話禪畫》；敦煌繪畫名家何山先生舉辦敦煌畫展，我收集他的百幅名畫；大陸一級畫家史國良，因爲和我在繪畫上的交流，最後跟隨我出家做了弟子，法名叫慧禪。其他，像賀大田的《老屋系列》，每一幅要美金五千塊，我也花了五十萬買一百幅；香港阿蟲的漫畫、臺灣許多名家捐給佛光山義賣的書畫，也捨不得拿出來，因爲藝術品賣了，就不能再回來了，我只有省吃儉用，好留下來傳之未來。

像最近浙江博物館收藏的《富春山居圖》到臺灣展出，十分轟動；而梁丹豐教授大筆所繪的《佛陀紀念館》，其氣勢堪稱現代的《富春山居圖》。甚至，李自健先生所畫的肖像圖，也可稱是世界的絕品，這些，都是留給世人寶貴的藝術品。

比較感到遺憾的，應該是張大千先生送我的一幅大畫《荷花》，當初爲了籌辦佛光大學建校基金，不得已，只有將它義賣給遠東集團徐有庠先生。雖然那幅畫上面寫有張大千送給我的題簽，現在由別人收藏，我也只能徒嘆奈何。

過去以來，我一直希望佛教與文化、教育、藝術結合起來，因此在全世界，除了辦有四所大學、許多中、小學外，還有二十三個美術館。雖然比不上過去的敦煌、龍門、雲岡石窟，但睽諸今日，佛教界要建設美的世界，歡迎大家上佛光山來。我們不完全注重硬體的建設，但有很多軟體的設施，比如佛像的雕刻、書畫的收藏，都是人間的至寶。只要後代的子孫細心保護這些歷史文物，這些美的價值、美的欣賞，都不是金錢所能比擬的。

爲了提供民衆一個心靈的空間，我們創先在道場裏設立了展覽館。像臺北道場裝修之初，在寸地寸金的臺北市，就覺得寧可以沒有地方吃飯、沒有地方睡覺，也不能沒有一層樓來做爲美術館。或許它無法和世界一流的美術館相媲美，但它的書畫文物具有佛法的內涵，相信，是可以展現佛教藝術之美的。

又好比蘭陽別院、南屏別院、南臺別院等附設的美術館，不敢説是我的心血收藏，但卻是我的一片丹心上供十方諸佛，下與大衆廣結善緣。其他海外道場，如：洛杉磯西來寺、雪梨南天寺、布里斯班中天寺、馬來西亞東禪寺等，我們都希望藉由美術，能夠美化人心、美化社會、美化世界，讓美可以瀰滿天下。

佛光山的地形不只是一座山，它還具有多功能的殿堂、教室、會議室，以及三館一窟（包括展覽館、陳列館、宗史館和淨土洞窟），「佛陀紀念館」則有八個展覽處、四十八個地宮、五十六個天宮。我一生沒有受過什麼教育，也談不上什麼真正的創意，我只想到將佛法的心香供養普徧十方，以佛教藝術超越時間、空間、人我之間的美，來平等闡述佛法的人我一如，心、佛、衆生三無差別，那就是我們無限的心意了。

園遊會

精神糧食説過了，還是要一説與民生最有直接關係的——吃的問題。

我初到臺灣雲遊各地，看到寺廟裏辦法會，都是「辦桌」吃飯。今天某寺院開了六十桌、一百桌，就能知道多少人來參加法會。但是，我沒有那麼大的地方可以開那麼多的桌，也沒有那麼多的費用來「辦桌」，我只能提倡「小小的佈施，細微的供養」，讓法會的舉行、信徒的淨財能夠細水長流。

在精打細算下，我設計了園遊會的方式來解決吃的問題。因此，佛光山開山四十五年來，大部分都是過堂吃飯，上千人還可以過堂吃飯，若是上萬人就以園遊會的方式用餐。就像日本人發起吃便當，這對於一個民族的發展非常重要，他不必花費太多時間在吃的上面，一個便當，簡單、迅速，很快就可以解決吃飯的問題。

我記得佛光山一九六七年開山，一九六八年佛學院院舍落成，竟然有五萬人參加。出乎我的意料之外，原本只有預算五百人來，一下子來了五萬人，一時之間，吃飯成了最急需解決的問題，只能儘量分散羣衆到各區域用餐。

同樣的情況，一九九二年澳洲南天寺舉行奠基典禮時，也曾發生。原來只預備三百人來，但是典禮一開始，信徒人數已達到五千人以上。我發覺到佛教舉行集會、聚餐，沒有辦法估計吃飯的人數，這是很嚴重的問題。

後來，我想最好解決的方法還是園遊會。一百個攤位，一個攤位準備兩百人份，就可以提供兩萬人吃飯。即使來了五萬人，我將就一點，也還能應付。果真，在佛光山一試成功，大家也吃得很快樂。所謂園遊會，就像大家聚集在一個公園裏，一面遊賞風景，一面自由餐飲，彼此可以交流。

園遊會最大的好處，是不需要有一個大的餐廳，不需要湯匙、碗盤、筷子。一個粽子，一粒包子，一杯甜茶，一串糖葫蘆，應有盡有；無論你是南方人、北方人都不要緊，園遊會中有飯、有麵，酸甜苦辣，任君選擇，乾糧、冷飲也由你去用。

百年樂園

◀ ——迪斯尼樂園巡禮之二

計事篇二

園遊會

本只有幾萬五百人的人來，不年來了正萬人，一到文間，你遊如了最高需要的是你問題，只能盡量設法讓喜樂遊進各園區，以為迪斯尼山，武六日半園山。一九六八年迪斯尼樂舍蓋好，竟然在五萬人參觀，由平安的意味文代，思，以來非常重要，由本迪斯尼太又想開去的上面，一圓更當，簡單、嚴東，如果想出迪斯尼樂的門題。

由於大家聚集在五百人的人到上，不年來了正萬人，一到文間，你遊如了最高需要的事會，聚資，我有哪志古信記憶館的人到，宣要對重，不能需要事，不需要事，國大的聲譜。本來需要的一國大圓裏，一面自由資設。一九六八年東天幾舉其賣基典數務，由會發主，思來只前前三百人來，田園典數，間。

（園遊會續上頁）

小學校，歐音二十三個美術館，經於不不土的意義，雖然和不土裏去的美術，藝術館，說門，雲崗石窟，便過中國，回到蔀今日，書畫的故
果。滿故大寨土鄉光山來。姑門不宗全我重題體的殘破，由音別不連體的殘破，書畫的故
小學校，歐音二十三個美術館，經於不不土的意義，雜門，雲崗石窟，便過中國，回到蔀今日，書畫的故，藝術結合成來，因出古全世界，斜了輯音四個大學，福安中，「歐去以來，姑一直齊壁書簃與文物，姑資，藝術結合成來，因出古全世界，斜了輯音四個大學，福安中。

其實，這也好像是佛教過去提倡的「無遮大會」，平常集會幾千人、上萬人，廚房裏的人，都是忙得七葷八素。舉行一場法會、活動，就像辦喜事一樣，大家共修、同樂很好，但不要把我們的快樂，建築在別人的疲勞、辛苦上面。

因此，假如我設立一個攤位，就可以供應一千個麵包；我設立一個小店，提供涼粉，也不用燒煮。所以，佛光山在建設或各種活動中，用餐的場地不夠了，發明園遊會，就非常管用了。

好比一九九六年南華大學開校啓教典禮，就是以園遊會的方法解決與會者用餐的問題。記得連方瑀女士也前來參加，並到園遊會上每一個攤位參觀，與大家同樂。

又如，二〇〇九年佛誕節，國際佛光會首次在凱達格蘭大道舉行，十萬人以上的集會，我就設計四色「佛誕餐」，用菠菜、黃薑、紅麴、白米調和成四色，搭配不同内餡，簡單方便，又環保營養，輕鬆解決了吃飯問題。另外再搭配「佛誕糕」、「佛誕餅」與民衆共同慶祝佛誕。

特別的是，佛光大學在十週年（二〇一一年）的校慶上，爲了解決吃的問題，也是採園遊會的方式，連馬英九先生都前往炒米粉，與同學比賽同樂。

佛教在集會的時候，都會唱「南無海會雲來集菩薩」，園遊會裏人來人往，真像是「海會雲來集」；佛教也提倡「禪悦爲食」，園遊會時的大衆歡喜，不都正合乎佛意嗎？

現在，佛光山「佛陀紀念館」工程完成了，大家都問我：「餐廳在哪裏？」我有餐廳，但在餐廳裏我不一定只供應吃飯，可以集會，可以聯誼，還可以辦講座等。我的構想是，吃飯可以在走廊，可以在樹下，可以在山邊，也可以在草坪上，只要你拿一份簡餐、一個便當，就可以與家人、朋友、同學等，任選一個地點坐下來享用。所以，「佛陀紀念館」落成的請帖裏面，我就請負責的職事寫明：「因爲人多無法宴席接待，只有簡食供應，希望大家諒解。」

中國人是一個重視吃的民族，但有時候對於吃太浪費了。一桌飯菜，還没有吃到三分之一就不吃了，剩下的三分之二，都浪費掉了。如果社會各地的集會可以用便當、用園遊會的方式倡導簡食，那時，國民的生活、財力、體力、智力一定會提升。「吃」，包含了很多的智慧，彼此交换意見，體力、財力、願力一定會提升，爲什麽捨此而不爲呢？

人類爲了求生存，求發展，都是「窮則變，變則通」。佛教講究規矩，講究儀禮，但也説明了法無定法，一法是一切法，一切法是一法。法，真理的法不可以改變；世間做事的方法，可就不一定了。

我倡導「人間佛教」，爲佛教倡導民主；爲照顧徒衆父母舉辦佛光親屬會；爲中、青年女性提供短期進修的機會，我創辦勝鬘書院，甚至都市佛學院、金剛、婦女法座會、週末共修、報恩法會、家庭普照等。提倡四衆平等，我在「佛陀紀念館」設立十八羅漢，有三位女衆羅漢躋身其中，這一切都是爲了讓人間平和，公平正義存在，而聊表我些微的供養而已。

我與禪淨共修——解在一切佛法　行在禪淨共修

佛教傳入中國，分成兩條道路：一是參禪打坐，走進叢林寺院；二是淨土念佛，走入社會民間。一千多年來，禪與淨土是中國佛教修行的兩大動脈，但是曾有一段時期，禪淨彼此爭取主流，這也是不爭的事實。

參禪的人認為修學淨土的人，只念一句「阿彌陀佛」，盲修瞎練，哪裏那麼容易往生？修學淨土的人就批評禪門裏的人士，只求參禪打坐，很少是真正明心見性，開悟成佛。因此禪與淨之間的對立，就日益嚴重了。

後來禪走入深山、寺院，為出家人所有，他們自己修行悟道，因此在中國的出家僧侶當中，參禪悟道者特別多。另一方面，淨土走入民間社會，成為在家信徒修學佛法的力量。在家人仰賴念佛 求生淨土的信仰，組織居士林、蓮社，共修念佛，即「早也阿彌陀、晚也阿彌陀」，希望將來得蒙阿彌陀佛接引。從此以後禪、淨分道揚鑣，除了互相批評，彼此也互不相容。

一直到唐末五代永明延壽大師提倡禪淨雙修，纔調和了禪淨的爭端。他有一首偈語說：「有禪無淨土，十人九蹉路；陰境若現前，瞥爾隨他去。無禪有淨土，萬修萬人去；面見阿彌陀，何愁不開悟？有禪有淨土，猶如戴角虎；今世為人師，來世作佛祖。無禪無淨土，銅牀並鐵柱；萬劫與千生，沒個人依怙。」意思是，一個人如果只修禪，沒有修學淨土，十人當中會有九個人走錯路；如果只有淨土而沒有禪，還是可以「萬修萬人去」。如果有禪也有淨土，就像老虎戴角，會更加的威猛；無禪無淨土，就「銅牀並鐵柱」，說明了地獄有分。永明延壽大師以這首偈子調和了禪和淨土，從此中國的禪宗和淨土宗就比較能和平相處了。

在佛經裏面，有一則故事：

一位師父收了兩名徒弟，由於師父的腿患有風濕，就規定大弟子每天替他按摩左腿，二弟子按摩右腿，以減輕他的痛苦。大弟子按摩的時候，師父總說：「你的師弟按摩右腿，是怎麼好、怎麼好。」大弟子聽了，就心存嫉妒。二弟子來按摩的時候，師父又說：「你的師兄按摩左腿的時候，是怎麼好、怎麼好。」二弟子聽了，心裏也不歡喜。

有一天，大弟子外出辦事，二弟子心想：「師父常說，你為他按摩右腿，是怎麼好、怎麼好，我今天就把這隻腿打斷，讓你明天回來不得按摩。」第二天，大弟子回來一看：「唉喲，我按摩的右腿沒有了。」他想，這一定是師弟搞的鬼，「好，你把我按摩的右腿打斷，我就把你按摩的左腿打斷，讓你也不得按摩。」這兩位弟子為了逞自己的一時之快，最後受害的是師父。

這就如同佛教裏的大小乘之爭、空有之爭、事理之爭、各種的宗派之爭。其實佛法本來是一體的，縱有層次上的不同，理解上的不同，又何必貶此褒彼呢？所以一些學者專家們把佛學做分類式的研究，或者拿來互相比較，這些都是害了佛教。佛法是神聖的、是整體的，信就是信，不信就不信，但是不要謬解，不可自作聰明！

我還沒有出家的時候，我的外婆常說自己是佛教徒，她平時持齋念佛，也到善堂共修，在修行上很認真。不過當時她修煉的是什麼法門我也不懂，後來纔知道那不是正統佛教修行。佛教正統的修行，有到禪堂參禪、到念佛堂念佛，打禪七、佛七，或者早晚課誦，種種的修行。其實不管是什麼法門，互相都沒有抵觸，也都互相包容。

就如我出家後，在棲霞山律學院讀書的時候，學院的教育雖然以講戒持律為主，實際上我們的早晚課誦也經常念《楞嚴咒》、《大悲咒》、《十小咒》；每年的夏季，都有午殿，要念佛、唱讚子；到了冬天，會打兩個禪七，可以說，禪、淨、密、律都是共同修持，沒有互相排斥。

後來我升學到焦山佛學院，每到冬天，也要打七個禪七；平時早晚課誦，都要走路念佛去吃飯、上殿，並沒有覺得禪修、念佛有什麼不好。

甚至常州天寧寺的禪堂，每到冬季都有精進禪七，有時候我們也會跟老師請假前去參加，以增加自己的禪修體驗。總之，中國在一九三、四〇年代的時候，禪宗有所謂「江南四大叢林」：鎮江金山寺、常州天寧寺、南京棲霞寺、揚州高旻寺，他們都重視禪修，同時也附帶念佛。

而念佛的道場，有蘇州的靈巖山寺，自從印光大師提倡念佛以來，每天佛聲不斷。我也曾有過前往精進念佛的念頭，但礙於他們進堂的規矩很多，如：進出佛堂要脫鞋子，不可以在佛堂裏放屁（表示清淨），上廁所要換鞋子，甚至大淨（即：上大號）之後，要洗臀部纔准進入佛堂念佛等等。當時纔二十歲的我，對於這些規矩不能習慣，就打消了這個念頭。現在回想起來，這些規矩對於大衆的衛生、佛法的恭敬，還是有它獨到的見解。

後來我到臺灣，當時臺灣的佛教界有慈航法師、律航法師倡導念佛、打佛七，尤其律航法師因爲中年出家，力求剋期取證，都是二六時中精進不懈。我想，如果要我像他那樣從早到晚心無旁騖地一心念佛，那也是不容易做到的。

那時候有一位「立法委員」董正之居士，與我很有緣分。有一天他來找我，跪求我放棄寫作，一心念佛，他說：「一部《阿彌陀經》已經涵蓋所有的文學，你爲什麼還要去追求其他的知解呢？」他那樣的行爲，反而讓我對念佛人的執著生起反感。

尤其我初到臺灣時，一位大同法師將太虛大師在大陸辦的《覺羣》週報帶到臺灣復刊，第一期就交由我在臺中編發。後來因爲我人住中壢，到臺中編發不便，而且也引起治安單位的注意，我覺得不能長此下去，就把《覺羣》交付給林錦東居士負責；林錦東居士又請時任臺中圖書館的總務主任朱斐居士擔任編輯。朱斐居士是跟隨李炳南居士學習，也曾皈依印光大師，所以他接手《覺羣》後，就在雜誌上寫：今後《覺羣》要改成紀念印光大師，弘揚淨土。

我看了以後，覺得倡導淨土念佛的人太過於執著於一法，不夠圓融，就寫了一封信不客氣地責備他，內容大約是提到：「你怎麼可以把張家的祠堂改作李家的祠堂呢？這麼做會造成了佛教的矛盾……」他就把我的信原封不動地發表在報刊上，讓我在臺灣的佛教界受到一些誤解，以爲我是反對淨土法門。後來在一九五二年，宜蘭的居士們請我到宜蘭爲他們主持週六念佛會，李炳南居士爲此還特地趕到宜蘭阻撓，認爲他們這樣的決定有所不當。

我之所以會提出這些往事，只是要說明當初臺灣的佛教界，禪淨之間還是有這樣的隔閡。例如，有李炳南居士打起招牌，弘揚淨土；有南懷瑾居士打起招牌，弘揚禪法，並且出版《禪海蠡測》等禪法的書籍。我對南懷瑾居士並不是很認識，但知道他很博學，對於諸子百家、三教九流等知識都有涉獵。

其實，我認爲禪淨在中國的發展，一個在寺院，一個在民間，這很自然、很好，也不必有分歧。過去的禪者雖然曾有一度排斥念佛，甚至立下規矩：在禪堂裏念一句「阿彌陀佛」，必須漱口三日，但這只是理論上的說法，實際上很多的禪師也同時修習念佛法門。如宋代的天衣義懷禪師，在雪竇重顯禪師門下開悟以後，依然兼學淨土；而民間修學淨土念佛的人，對於禪法的深入，也是很用心。

又好比過去的叢林道場，很多是兼具參禪與念佛，同時設有禪堂、念佛堂。基本上，佛法應該是圓融無礙、彼此尊重、和諧無諍的；就是到了現代，佛門裏既參禪又修念佛法門的情形也很多。因此我不贊成這兩者互相排斥，而是應該彼此融攝，所以我就提倡「禪淨共修」。

最初是一九五三年，我到宜蘭雷音寺弘法，成立「宜蘭念佛會」，隔年開始打佛七。佛七的作息，是遵循叢林的規矩，早晨五點開始起香，中午過堂，晚間藥石，晚上七點到九點半大板香；在這一支香別裏，是大家最認真、最精進的時刻。

此外，我也提倡每個星期六舉辦「禪淨共修」。因爲當時在臺灣，要找到一個正式的禪堂很困難，要有一個真正的念佛堂也不容易，只有借用寺院裏的佛殿，把禪淨融和在一起，四分之一的時間誦經，四分之一的時間念佛，四分之一的時間繞佛，四分之一的時間靜坐，每支香大約兩個小時。就這樣，我在宜蘭主持念佛會，前後整整二十六年從沒有延遲過一天，最後還把宜蘭的禪淨共修、佛七法會，提升到像過年一樣地隆重。

我記得每年到了要辦佛七的時候，在宜蘭縣市以外工作的信徒，都會特別請假回來參加。在這期間，有過不少的靈感事跡，也增長了大家的信心；而我持久不變的原則，也讓大家感到信服。另外，我到高雄佛教堂，也辦了近一二十年的佛七法會，和我在宜蘭辦的一樣莊嚴、盛況。

由於念佛對一般的佛教徒而言，是最契機的法門，所以我又相繼成立了羅東念佛會、頭城念佛會、臺北念佛會、虎尾念佛會、龍巖念佛會等，可以說，禪淨共修在當時的佛教界蔚爲主流，也開展出臺灣佛教的輝煌時期。

在這一段期間，我還特地在佛光山興建一座淨土洞窟（一九八一年開放參觀），讓大家知道西方極樂世界的殊勝美好。就有人問我：「爲什麼不建十八層地獄，讓人心看了心生恐懼，從此不敢做惡事？」我卻認爲，能夠讓人感受到佛國淨土的殊勝美好，使人心生向往，不是更積極嗎？林林總總的這些，就是我倡導「人間佛教」的前奏曲。

佛光山從開山以來發展到現在，全世界已有兩百多個道場，我規定每個道場在每週六的同一個時間，全球佛光人同音念佛。假使我們有三百個大大小小的佛堂，一個佛堂平均能容納五百人念佛共修，就有十五萬人同時念佛，二六時中，佛聲不斷，那麼極樂淨土不就在眼前了嗎？

總計我一生的歲月，八十多年、三萬多個日子，至少有四分之一的時間奉獻在禪淨共修裏；光是打佛七，就有近兩萬個時辰。我推動念佛，主要是希望讓大家藉由念佛，達到自我健全、自我清淨、自我反省、自我進步，進而擴及到家庭、社會。所以我不一定要求大家要念到一心不亂，反而讓信徒很容易接受。

對於念佛，我也下過不少的功夫。好比我坐到車子裏面，不必用念珠，看到一個人，就念一句「阿彌陀佛」，人就是我的念珠；沒有路人的時候，有電線桿，一根電桿就念一句「阿彌陀佛」，電線桿就是我的念珠；沒有電線桿的地方，有田地，看到一塊田就念一句「阿彌陀佛」，田地就是我的念珠。總之，我要把一句佛號，一顆念佛的心灌注到大地山河裏，讓每一片土地都有我的佛心佛意。我念佛不求功德，不求往生，我無所求，就是以此來安住身心。

我覺得初學的人，只要肯把一聲佛號念熱、念熟了，他的音聲就會隨著佛號變化，與身心融爲一體。在此我也提出四個念佛的方法，讓大家運用：

第一、要歡歡喜喜地念：帶著愉快的心情念佛，要念得很歡喜，念到像手舞足蹈，發出至心的微笑。在過去，也確實有念佛舞。

第二、要悲悲切切地念：念佛的心情，就像親愛的人離去，以極度悲切的心情向阿彌陀佛訴苦。要把阿彌陀佛當作自己的母親，能把一句句的佛號念得像是對他哭訴，甚至涕淚悲泣，就很容易和阿彌陀佛相應了。

第三、要空空虛虛地念：要心無罣礙，一心稱念佛號，念到最後，就像是沒有了身體、沒有了天地、沒有了人我。所謂「天也空來地也空，你也空來我也空」，眼、耳、鼻、舌、身，都不曉得在哪裏了，空諸所有，

百年書緣　之二

佛菩薩自然會現前。

第四、要實實在在地念：每一句佛號都要念得清清楚楚，腦海裏要想得清清楚楚、耳朵裏要聽得清清楚楚，彷彿一句佛號就是一個世界，一句佛號就是一道光。

我想初學念佛的人，能夠歡歡喜喜地念、悲悲切切地念、空空虛虛地念、實實在在地念，就能念出感應、念出心得來。

早期我在宜蘭主持佛七，也曾經體驗過念佛的境界。在這七天當中，我感覺走路輕飄飄的，好像騰雲駕霧一般；早上起牀刷牙，刷牙的聲音都是「阿彌陀佛、阿彌陀佛……」；吃飯的時候，吃的每一口飯都是「阿彌陀佛、阿彌陀佛……」；躺下來睡覺，一切的事情在腦海裏都清清楚楚的。七天的時間，宛如一剎那，一下子就過去了。真是念得天也空，地也空，只有一句「阿彌陀佛」在其中。那次的佛七，讓我對念佛增長了無比的信心，使我體會到忘卻時空、脫落身心的快樂。

但是，念佛的時候不是只有不斷地念下去就可以了，如果雜念紛飛，念得不純熟、不懇切，即使念了一輩子的佛，也不能與「阿彌陀佛」心心相印。

關於念佛，有一則趣談：

西方極樂世界有一個倉庫，裏面放了許多的眼睛、耳朵、嘴巴、手、脚等器官。爲什麼呢？因爲有的人念佛，是用眼睛看人念佛，口不念，眼睛就往生淨土；有的人口不念，耳不聽，只用脚跟著大家繞佛，脚就往生淨土；有的人不聽、不看，只用心去感受佛號，心就往生淨土。如果每一個人在念佛時都能做到口到、耳到、心到，那麼整個身心，都可以往生到西方極樂世界了。

講過了念佛，再講到禪坐的方法。

對於禪坐，我主要是教大家不動心、不分別，調身、調息、調心，或者毗盧七支坐、九住心，只要按照禪坐的要領循序漸進，都能有所收穫。

過去有一個賣豆腐的小販，送豆腐到寺院，看到寺院的師父們在坐禪，個個威儀莊嚴，不禁心生歡喜，心裏也想學著打坐看看，就請糾察師父讓他隨喜參加。剛開始還不習慣，東張西望，後來看大家動也不動地坐在那裏，他也安靜下來。慢慢地，自己的心靜了下來。過了一支香的時間，他如獲至寶地說：「我想起來了，五年前李四欠我三塊豆腐錢，還沒有還我。」這個賣豆腐的，纔只是靜坐了一下子，就收到參禪的妙用，更何況是進入甚深禪定的人，得到啓發的智慧就不只這些了。

早期的臺灣佛教，並沒有一個正式的禪堂設施，所以當一九七四年佛光山臺北別院在臺北松江路成立的時候，南懷瑾先生首先就來向我商借場地，要打禪七。那時我忙於弘法，聽到有人要打禪七，當然很樂於支持。甚至後來佛光山大悲殿完成，他也來向我們借場地，還在佛光山召集學者名流，如劉安祺、王昇、蕭政之、「華視」總經理鄭淑敏等，那時候臺灣的政界、軍界，財經、傳播界等各界的人士都來到佛光山打禪七。

後來我想要弘揚傳統佛教叢林的禪七，讓臺灣人認識正統的禪堂規矩，如法打坐，所以我也邀請禪宗名刹常州天寧寺的監院戒德老和尚來主持禪七，一時之間，數百人參加，禪悅法喜。

戒德老和尚爲人慈祥愷悌，過去是天寧寺的第三監院。他一向不以學問示人，而是以法務與人廣結善緣，不管在任何地方都不妄言、不批評人，是一位很守本分的長老。他於二〇一一年往生，世壽一〇三歲。

到了一九九三年，佛光山於本山的如來殿三樓成立禪堂，接著又在如來殿旁的玉佛殿七樓成立念佛堂（即「淨業林」），每天佛聲不斷。我就將此定名爲「禪淨法堂」，即有禪、有淨，禪淨融和。平時不是念佛，就是禪坐，每個月都有固定的精進禪七、佛七，海內外的佛光弟子們，都會定期回來禪修或念佛。他們每次回來，

都說是「充電」，我也就隨順他們，說是為自己的心靈「充電」吧！

此外，我想學禪，除了在禪堂裏打坐用功，也可以從文字當中領略一些禪法，所以就把過去禪宗諸位祖師的語錄，用現代的語言整理成「星雲禪話」，共一千零八十多則，不但在電視臺、報刊上發表，也印成專書發行。而佛光山出版的《佛光大藏經．禪藏》，收錄了數百卷歷朝禪師編撰、著述的禪門典籍，如《六祖壇經》、《碧巖錄》、《祖堂集》、《永嘉證道歌》、《景德傳燈錄》、《五燈會元》，乃至近代學者的著述，如《禪學的黃金時代》、《禪門綱要》等，這些都是提供現代人瞭解禪的入門典籍。

其實，不管是參禪或念佛，最重要的是如法修行。雖然有人說「熱鬧場中也可以做道場」，不過一個參禪的人，如果不能頭頂青天，腳踏大地，眼中沒有芸芸眾生，說他有一顆禪心，也叫人難以相信。

當然，宗教要弘揚，必定不是口頭宣說，要有實際的體驗。你想，念佛念到身心融和的時候，他感覺到法樂、輕鬆自在，怎麼不會生起信心呢？禪坐的時候，他忘卻了世間的雜亂，歸心一致，怎麼會不感覺到輕安愉快、禪悅法喜呢？所以我提倡「人間佛教」，是「行在禪淨共修，解在一切佛法」，以佛教的戒律為根本，以禪淨做為修持。我自覺以「人間佛教」為主題，把佛教推動到社會家庭，推動到每個生活人心，還愁佛法不興，佛教沒有人信奉嗎？

在推行禪淨共修的期間，我也發現到，倡導淨土念佛，固然是帶動了社會上的男女老少一起來念佛，但是一味地念佛，宣揚淨土的世界，往往容易誤導大家注重死後的安樂，不重現世人生的幸福，有所偏頗，所以在禪淨共修的同時，我也提倡藥師法門。

好比佛光山的大雄寶殿，供奉有「三寶佛」，中間是釋迦牟尼佛，兩側分別是東方琉璃世界藥師佛、西方極樂世界彌陀佛。藥師佛解決生存的問題，彌陀佛解決死後歸宿問題，所以解決生死，釋迦牟尼佛就是榜樣。

而在大雄寶殿外，有一副「三湘才子」張劍芬題寫的對聯，內容真是巧妙得不得了！上聯是「兜率娑婆去來不動金剛座」，指的是釋迦牟尼佛從兜率天入胎到娑婆世界，來去之間就像水中的月亮，但是月亮本身沒有來去與動搖，這是法身的示現；下聯是「琉璃安養左右同尊大法王」，右邊供奉的是東方琉璃世界的藥師如來，左邊供奉的是西方極樂世界的阿彌陀佛，安養即阿彌陀佛的世界。看了這一副對聯，就很容易明白三寶佛的意義了。

其實，也不要去分別這「三寶佛」，實在講，一佛就是一切佛，一切佛就是一佛。在《藥師經》裏也提到，如果一個人要求生西方極樂世界，念《藥師經》一樣可以到達。如同一盞燈光亮起，第二盞、第三盞，乃至千盞、萬盞燈光都會跟著亮起，這就是光光相映，光光無礙，佛佛道同的道理。

這尊佛和那尊佛，彼此都是佛，互不相妨礙；東方也好、西方也好，娑婆也好，兜率天也好，都是一樣的。學佛修行，最重要的是要把自己心靈的燈光點亮起來，做人、做事，說話也要有一點佛法，有一點禪味，哪怕是千年的暗室，只要自己的心燈亮起，整個空間就會明亮起來了。

早在一九六二年起，我在高雄壽山寺舉辦「藥師佛七法會」，一直到今年（二〇一二年），不知不覺也過了五十年了。所以今年的十一月，我應邀到高雄南屏別院為參加藥師法會的信眾開示時，我就告訴大家：今年是佛光山舉辦藥師佛七法會第五十週年，替我翻譯的慈惠法師，也整整為我翻譯閩南語五十年了。

為什麼我要辦藥師法會呢？因為禪，大家不容易懂得；而彌陀佛七念「阿彌陀佛」，要求生淨土、剋期取證，但是還沒有到達淨土以前，我們現實的人生該怎麼辦？我想，可以禮拜藥師佛求得生活的平安、幸福、歡喜、美滿，這也是「人間佛教」能提供給大家的希望。

再者，人生最大的問題有兩個：一個是生，一個是死。在我們的道場裏持念藥師佛，解決了人生在世時的

艱難；稱念阿彌陀佛，則是解決將來歸宿的問題，真的是做到了「了生脫死」。

當然在修行的世界裏，有許多的感應，不是任何的科學、人文思想所能想像，必然是超越時空，超越一般常識。就如我們在高雄辦「藥師佛七」，五十年來歷久不衰，每次都是千人以上來點燈、參加。爲什麼呢？

我記得一九六四年，在壽山寺的藥師法會中，四百八十盞琉璃燈同時點亮，即刻結成五彩的舍利，也就是所謂的「燈花舍利」。照顧油燈的師姐、學生看到了，無不嘆爲稀有。因爲數萬顆五彩的舍利子，即使要工廠去製造，也製造不出來；但是我們一個小小的油燈，竟然可以結成像珍珠一樣的舍利，一粒一粒地滾下來，你能不生起信心嗎？所以我們需要光明智慧，向藥師如來祈求，一定能夠如願。

在這期間，當然也有少數的人想：「星雲大師是推動文化的法師，不知道他是用什麼科學的方法，讓這個油燈可以結成舍利？」於是就把我的燈和油都偷回去，雖然沒有拿去化驗，但是他拿回去點燈，就是不會結出舍利，一定要到佛堂裏點燈纔會有。你說，這不是佛力加被嗎？

又如在宜蘭念佛會時，有一位雙腿久癱萎縮的居士，有一天念佛念到一半，忽然會站起來走路了；也有的人在大家念佛念得一心專注時，忽然看到佛像張開眼睛，一時間，佛殿裏所有念佛的人感動於佛祖開眼，不由自主地都跪下來，不斷地叩頭禮拜。這許多的事例，我都不喜歡宣揚，因爲「人間佛教」還是講究道德、慈悲，要能實踐「做好事、說好話、存好心」，身、口、意三業修持，做一個「三好」的好人。

我推動「人間佛教」，不是求佛保佑，也不重神奇靈異，因爲信仰是服務奉獻，進而達到自我心靈的提升；而靈異之事偶爾有之，不是你求神拜佛就能得到的。所謂「菩薩清涼月，常遊畢竟空，衆生心垢淨，菩提月現前」，一個人的心垢不除，好比心中的水不清淨，要想在渾濁的水中求見月亮，那是不合乎事理的。對於信仰，當然信佛、拜佛、念佛都很重要，但是更重要的，是要「行佛」。你沒有行佛，光是靠祈求，沒有播種，田裏面的稻苗怎麼會成長呢？

《阿含經》裏有一個故事：

有一個人見到石頭沈到水底下，他就祈求：「神明呀！神明呀！讓石頭浮起來吧！」石頭怎麼能浮起來？那是不合乎因果法則的。又有一個人看到油浮在水面上，他也祈求：「神明呀！神明呀！讓油沈下去吧！」這也不合乎事理因果。油怎麼能沈到水底下去呢？因此，我們提倡「人間佛教」的行者，要把信佛、求佛的觀念，提升爲行佛，必定能有所感應。

過去我常聽到有人對發心捐獻的信徒說：「功德無量！阿彌陀佛會保佑您。」對此，我一直覺得我們不應該讓阿彌陀佛來代替我們報恩，而是要自我承擔這份責任。因此，我到臺灣以後，每到一地，都是極力宣揚佛法，白天講經，晚上寫作，有時還替人排難解紛。後來更舉辦大型講座、萬人法會活動，設立各種文教事業，成立各類慈善事業，就是希望讓更多的人能均沾法益。

再說回我倡導的禪淨共修。在實踐上，我覺得念佛的腔調、法器的配合很重要。

首先，我提倡自然念佛，隨著自然的氣息誦念佛號，只要有節奏，配合大衆的節奏就可以了；不過法器要司打得如法，念起來纔會順暢。司打法器的人，要知道「大衆慧命，繫在汝身」，如果法器不如法是有罪過的。所以一場法會下來，如果所有的法器，都是如法如儀的進行，就能讓大家念得很愉快。等於樂團的指揮、奏樂，全體大合唱一樣，聽者、演奏者都會感到歡喜暢快。在念佛法會裏，尤其敲木魚的人，如果敲打的速度快慢都不合乎大衆節奏，不是太快就是太慢，就會擾亂大衆的道心。

我一向重視木魚敲打的音聲大小、快慢，人多時，聲音當然要大一點；人少，就輕聲一點。如果殿堂裏人少，還敲得很大聲，人多時，卻敲得很小聲，讓人聽不到，這就不行了。敲法器的人其快、慢，要順應大衆的

氣息，念到該快的時候要快，該慢的時候就要從容不迫，這種速度快慢、聲音大小的拿捏，還是要隨著經驗、情況而決定。

早期我在宜蘭打佛七，是訓練年輕人上去司打法器。他們學法器、敲法器都很用心，如：慈莊法師的大磬，慈惠法師的鐺子、引磬，慈容、慈嘉法師的木魚，慈雲（普暉法師）、心蘭、吴寶琴（心玉）的鉿子，整場法會下來，實在敲打得很好聽，讓參與法會共修的人可以專心一致，信心念力增强，這就是重大的貢獻了。

這讓我想到，現在我們的「浄業林」（念佛堂）打佛七，不知道大衆念佛的時候，能不能念出歡喜、念出法樂？解散了以後，是否還能静静地在那裏思惟法義，或者内心法喜充滿，歡喜雀躍呢？

另外，佛光山當初建設禪浄法堂，對於禪堂裏的光綫、空調、進出動綫、走路的聲響等等，都有一定的規矩。不知道現在的修行人，是否有注意到這許多的方法、規矩呢？我已老邁，僅在此祝福念佛、參禪的大衆，一心持念、一心參禪，法喜充滿！

我與大陸佛教的因緣

我今年八十六歲，八十六年前，出生在江蘇揚州一個貧苦的家庭裏；七十四年前，十二歲，我在南京棲霞山出家；六十四年前，一九四九年國共內戰，我隨著「僧侶救護隊」來到了臺灣。那時候，我是一個一無所有的出家人，還是個外省人，初期也就經常遭遇一些困難，甚至面臨無處棲身的窘境，但是我不以爲意，因爲我的心時時都與佛同在。

所謂「樹有本，水有源」，受教於大陸、成長在臺灣、用之於全世界，八十六歲老朽的我，若問還有什麼願望，就是期望兩岸的領導人本著「仁王愛民」的胸懷，讓同文同種的兩岸民衆，從此遠離戰火的摧毀，享有太平歲月的幸福安樂。尤其大陸佛教經歷民國初年的「廟產興學」，到整整十年的「文革」浩劫，可以說歷盡滄桑，爲能重續中國佛教的法脈，我認爲當前最需要的就是文化、教育、戒法和制度的振興。

因此，數十年來，我致力於與大陸各界人士的溝通交流，一方面希望促進兩岸的友好往來，另一方面則希望撒下的一點佛法雨露，能夠爲大陸佛教的未來種下一些好因好緣。

弘法探親團

說起我與大陸佛教，就要從一九八九年的「弘法探親團」談論起。那是我離開大陸四十年後，首次再踏上故鄉的土地，回到我的祖庭。我帶領著「弘法探親團」將近五百名團員，走過七個省分；在整整一個月的弘法探親行程中，每到一地，圍觀羣衆求法若渴的眼神，總是讓我不忍輕易地從人羣中走過，特意駐足爲他們隨緣講說佛法。

促成弘法探親這段善因好緣的，是前中國佛教協會會長趙樸初居士。當年我們經常以書信來往、電話聯繫，談論佛教的發展現況；對於社會的和諧以及「人間佛教」的未來，也都有共同的理念。趙樸初居士是一位敦厚的長者，他在信中幾番提起，邀請我到大陸探親、弘法，並且希望我到大陸傳播佛教的義理，讓中國佛教產生正面的影響。

那時候，我離開故鄉已經五十年，離開大陸四十年，承蒙各方人士稱讚我對佛教有些許貢獻，其實這些都是那許多代我受苦受難的師長們所成就的，此行我只是帶著報恩的心情回歸故里。除了探親、報恩，我也希望把佛法的東風帶回到這一片土地，助長中國佛教的興隆，更希望佛法的「心藥」，能幫助安定社會人心。

可以說，這次「弘法探親團」的成就，是一場歷史性的破冰之旅。所謂牆內纔可以有佛教，牆外不可以談傳教，當局希望我只在寺廟裏弘法；後來幾經協商，終於由北京大學、清華大學、中國人民大學聯合邀請我在國家圖書館作了一次講演。

回憶初到北京，甫下飛機時，趙樸初會長和我見面所說的第一句話：「千載一時，一時千載；千里香花結勝因！」千載並不久，千里也不遠，隔絕的時間、空間只是一時的，種子埋得再久、再深，只要和風一吹，甘露一降，因緣和合，再强大的力量也阻擋不了它開花結實。

記得那年三月二十九日，在北京會見國家主席楊尚昆先生時，我向他表示，希望對佛教的政策能夠更圓融、更落實，讓佛教傳教的空間再寬大一點，尤其對於已開放的寺廟，參觀禮佛要買門票的作法，也希望可以停止，還給寺廟清淨、莊嚴的道風。

猶記得團員當中，已故的傅偉勳教授還曾在雜誌刊物中發表感言說：「此次的探親團對於佛教本身以及整

個亞洲思想與文化來説，實爲極大的幸運，實乃中國佛教的起死回生，是不可抹滅的歷史意義。」雖不敢言一個月的隨緣講説，就能開啓這麼大的的作用，但是撒下的一點佛法種子，相信是會有開花結果的一天。

恭迎佛指舍利

繼「弘法探親團」打破高層對我的進出限制之後，讓兩岸佛教再進一步接觸、交流的，就是恭迎佛指舍利來臺了。

回想起一九八九年到大陸弘法探親時，在中國佛教協會的安排下，我們一行到了西安法門寺參訪。當時大家的心情都相當地激動，想到「佛在世時我沈淪，佛滅度後我出生，懺悔此身多業障，不見如來金色身」，而如今，我們竟能再見到佛陀的真身舍利，都覺得因緣殊勝難得。

想到此等歡喜不應獨自享受，也就更加希望大陸方面肯得讓佛指舍利赴臺供奉。當時趙樸初會長也極力表達想要促成此事的心意，只是後來因於兩岸政治情況的考量，求得共識不易，迎請之事也就一再拖延時日。

不過，最終令人感到欣慰的，當年以「臺灣佛教界」名義迎請佛指舍利的想法，還是獲得録用了；二〇〇二年二月，中共中央總書記江澤民先生以「星雲牽頭，聯合迎請，共同供奉，絶對安全」十六字授權，要我發動聯合臺灣佛教界，共同迎請西安法門寺佛指真身舍利來臺供奉。

也感謝時任「陸委會」主委蔡英文女士的協助，我們包了兩架港龍航空專機，從臺北經香港直飛西安，寫下了兩岸直航的紀録，當時還由鳳凰衛視即時全程轉播恭迎過程。

記得臺灣恭迎團在前往西安扶風法門寺參加「佛指舍利赴臺瞻禮恭送法會」時，還與國家宗教事務局局長葉小文、陝西省省長程安東、陝西省副省長趙德全、陝西省人大常委會常務副主任范肖梅、「佛指舍利赴臺護送團」團長聖輝法師、副團長刀述仁、陝西省文物局局長張廷浩、陝西省臺辦主任岳松華等人一起見了面，彼此談説相當熱絡，尤其對於佛指舍利赴臺供奉，都認爲是替兩岸宗教文化交流寫下了歷史新頁。

感謝佛陀的聖德普被，二月二十三日，千載難逢的佛指舍利，在萬人的恭候之下，終於抵達臺灣。往後的三十七天裏，北、中、南各地先後舉行了數場恭迎法會，每到一地，信衆夾道焚香恭迎，可謂盛況一時。最初是二十四日在臺灣大學體育館，二十六日起駕至臺湾三峽金光明寺，接著，三月三日再移駕高雄佛光山。十二天後，三月十五日再從佛光山巡迴至臺中梧棲綜合體育館、南投中台禪寺供奉，二十六日南下佛光山。

三十日，佛指舍利離臺前夕，我們在高雄中正體育場舉行了一場「十萬人通宵念佛恭送法會」，連綿不絶的佛號聲迴蕩在整個場館裏，氣氛肅穆攝受。隔日淩晨，我也前往會場勉勵與會信衆，並於清晨五時，在佛指舍利的見證下，爲曾裕侯先生與李美瑛小姐主持了一場佛化婚禮。隨後，佛指舍利便起駕至高雄小港國際機場，八時準時起飛，返回大陸西安法門寺。

佛指舍利在臺三十七日，有五百萬參拜人潮，象徵的意義有：一、寫下兩岸佛教交流的歷史紀録。二、呈現臺灣佛教的融和、團結；一般所謂「四大山頭」：佛光山、法鼓山、中臺山、慈濟，「九大門派」：大崗山派、月眉山派、開元寺派、法雲圓光派、大仙寺派、觀音山派、萬佛山派、清涼山派、東和寺派，以及「五大團體」：「中華佛寺協會」、「中華佛教青年會」、「中華佛教居士會」、「中華佛教護僧協會」、國際佛光會等都共同參與盛會。

尤其此次活動超越了黨派、省籍、族羣的差別相，大家不分你我地都前來共襄盛舉。可以説，佛指舍利雖小，但是超越了千年時空，至今都還在繼續發揮他慈悲的威力，爲臺灣帶來一片清净祥和的景象。

梵唄讚頌團演出

早期我到宜蘭駐錫弘法，帶領青年成立「歌詠隊」，不但讓佛教的聖歌唱偏了大街小巷，也讓年輕人在清净的音聲中找到了自信。但是想到百千年來，中國佛教傳唱的梵唄，一樣可以净化心靈，至今卻只有在寺院裏作爲早晚課唱誦，也就覺得有些可惜。因此，一九七九年我組成了「佛光山梵唄讚頌團」，首度於臺北「中山紀念館」舉行「梵唄音樂會」，讓傳統的梵唄走出寺院殿堂，進入普羅大衆的生活之中；演出的團員全都是接受過佛光山叢林學院僧伽教育的比丘和比丘尼。

成立二十多年的「佛光山梵唄讚頌團」，在走過世界各大城市之後，二〇〇三年十一月終於如願前往大陸演出，從北京中山堂到上海大劇院，在中國音樂學院悠揚壯闊的樂聲以及佛光山敦煌舞團優雅的舞姿配合之下，和雅清净的梵聲傳進了國家殿堂，感動了現場無數的聽衆。

此中尤其要感謝致力於佛教音樂研究，任教於中國藝術研究院宗教藝術研究中心的田青教授，由於他的居中協調，纔得以成功打開兩岸佛教音樂文化的交流。

由此因緣，還促成二〇〇四年三月，佛光山梵唄讚頌團與中國佛教協會所屬三大語系、五大叢林，兩岸百餘位僧衆共同組成「中華佛教音樂展演團」，在團長聖輝法師的率領之下，分別於澳門、香港、高雄、臺北、加拿大溫哥華、美國舊金山及洛杉磯舉行奧斯卡頒獎典禮的科達劇院等地巡迴演出，不僅把佛教音樂帶到臺港澳及美洲地區，同時也寫下兩岸佛教交流的新里程碑。

想到五十年前，我把大陸的「海潮音梵唄」帶到了臺灣；五十年後，又有因緣再把梵唄音樂帶回大陸，此中的歡喜，真不是三言兩語可以說得盡了。

從「覺有情」到「一筆字」

佛教除了以音聲度衆之外，詩偈、法語、書畫也同樣具有啓迪人心的作用。

因此，我的字雖然寫得不好，但每每信徒希望我爲他們題字祝賀，或以一句話作爲勉勵時，我也都樂於隨緣滿願，給大家歡喜。總覺得，我的字雖然不美，但是字裏行間都有我賦予的一點慈悲心，因此後來我也就索性請大家不要看我的字，而看我的心了。

說到我的寫字緣起，最早是爲了宜蘭念佛會莊嚴壇場的標語而寫，之後就是二十年前，爲了感謝信徒發心捐建西來大學，以字相贈而寫；現在寫字，則是爲了「公益信托教育基金」，我希望未來這一筆基金能持續地獎勵媒體、教育及文化界人士對社會的貢獻。

這些字在大陸上也有過幾次展覽。其中，以「覺有情——星雲大師墨跡巡迴展」之名爲主題的，有：二〇〇六年三月在湖南省博物館的展出；當時我還受邀到有千年歷史之久的嶽麓書院講演「中國佛教與五乘共法」。二〇〇七年四月，我的字在三峽博物館展出；同時也做了一場「生命的密碼」講說。五月，我再應邀至南京博物院、揚州雙博館主持墨跡展開幕式。

其實，在我書寫的一字一句裏，都沒有什麼華美豔麗的文辭，也沒有感懷抒情的詞語，只不過是想透過文字，表達一點「人間佛教」對現實生活的提起與幫助而已。真是承蒙大家不嫌棄，不但說我書寫的字體深具特色，還讚美我所寫文句富有教化人心的作用。

繼「覺有情」展出之後，二〇一〇年五月，我再應文化部之邀，出席由中國美術館、中國藝術研究院、佛光山文教基金會、佛光緣美術館共同主辦，在中國美術館展出的「一筆字書法展」。據有關部門說，我是數十年來，第一位在中國美術館展出書法作品的出家僧人。當天有文化部副部長趙少華、國臺辦副主任鄭立中、國

家宗教事務局局長王作安、中央社會主義學院黨組書記葉小文、中國美術館館長范迪安，以及來自文化、教育、藝術等各界的代表出席。

也承蒙大陸同胞們喜愛我的字，自從去年（二〇一一年）「佛陀紀念館」落成，徒衆們爲我在「六度塔」設置「公益信托教育基金」一區，掛上了我多幅「一筆字」之後，經常可見大陸人士駐足觀賞的身影，尤其他們每每因爲認同我公益基金設立的理念而捐款贊助，我沒有什麼可以回饋的，只有交代徒衆以我的「一筆字」作爲感謝了。

書畫藝術可以美化人們的生活，佛法的一句一偈也可以讓人從迷返悟，佛陀在世間覺悟、成道，我從「覺有情」到「一筆字」的展出，也希望佛教能夠走向藝文化，提升弘法度衆的方式。

捐建鑑真圖書館

我一生以文化、教育致力於推動佛教的發展，尤其很早就希望能夠在揚州有個建設，用來紀念揚州大明寺出身，東渡日本弘揚戒法的唐代高僧鑑真大師。直到二〇〇三年，因緣纔終於成熟，在我應邀出席揚州「鑑真東渡日本一二五〇週年紀念活動」之際，決定捐建一座「鑑真圖書館」。這個心願一發，立刻獲得當地政府以及大明寺住持能修大和尚的支持，府方還撥了一塊一百畝的土地給我們作爲建地。兩年後，二〇〇五年六月五日，「鑑真圖書館」也終於奠基動工。

在我們興建的理想，圖書館不只有書籍的借閱，它還兼具有研究、教學、學術活動、文物藝術展覽、表演以及禪堂坐香等功能。

在鑑真圖書館硬體建設大致完成之後，二〇〇七年五月十八日，我們首先舉行了一場「佛教教育論壇」。此次論壇，有來自大陸、臺灣以及日本、韓國、泰國、印度、美國等地的大學校長、教授參加。與會的貴賓還有國家宗教事務局局長葉小文、揚州市長王燕文、江蘇省宗教事務局局長翁振進、明學長老、學誠法師等。

開幕典禮上，我特別强調：一個國家的富强，靠的是教育，因爲教育培養人才，人才創造新事業，新事業能讓國家興盛。並以「馬祖道一禪師創建的叢林，即是學校；百丈懷海禪師制訂的清規，就是校規」一語，説明佛教具有浄化社會人心、改良社會風氣、維護社會倫理次序的功能，希望當政者能多多利用佛教，給予佛教在世界上應有的地位，讓全世界的人對於中國五千年的歷史文化刮目相看。

歷時兩年半的建設，二〇〇八年元旦，仿唐式四合院建築鑑真圖書館終於完工落成。當天，貴賓雲集，國家宗教事務局局長葉小文、江蘇省委副書記張連珍、江蘇省人大常委會副主任李明朝、揚州市市長王燕文、臺灣的「立法院」副院長鍾榮吉等人，都前來爲鑑真圖書館及鑑真佛光緣美術館開館剪綵。

在硬體建設之外，真要感謝全球佛光人以及十方大衆從世界各地捐贈而來的各類佛教經典及圖書，使得鑑真圖書館的館藏更形豐富；目前館內的藏書包含了英、法、德、美、日、韓、泰、印度、西班牙、葡萄牙、斯里蘭卡等國的研究專著。

在鑑真圖書館開館之際，同時也舉行了「揚州講壇」的開壇典禮。首場由著名歷史小説家二月河先生，以「康雍乾三朝的興替」爲題主講，現場不但座無虛席，精彩的演説，更是獲得滿堂彩。自此之後，每兩週一次的「揚州講壇」，場場滿座，可謂一位難求。陸陸續續地，「揚州講壇」邀請到的主講人，還有：錢文忠、余秋雨、林清玄、易中天、于丹、馬瑞芳、閻崇年，乃至前外交部長李肇星、唐家璇等兩岸各界的著名學者、專家登壇主講。

在「揚州講壇」行之三年後，二〇一〇年三月二十日，我以「我怎樣走向世界」爲題做了一場演説；這是

我自一九八九年回鄉探親以來，第一次在故鄉揚州講演。當天，揚州市委書記王燕文女士到場致詞，承蒙她說我是揚州人的驕傲，數十年來在世界各地設立大學、「中華學校」及兩百餘間道場。尤其捐建鑒真圖書館，成立「揚州講壇」，做到了「北有百家講壇，南有揚州講壇」。

對於王書記的讚譽，我是不敢當。揚州有唐朝的鑒真大師將佛教戒律、中華文化帶到日本，被日本人尊爲「文化之父」，我只不過是效法古德先賢，想把揚州人的精神帶向世界。

鑒真圖書館的捐建是我對先賢及家鄉故里的一點回饋心意，未來的發展，希望能更「本土化」，由大陸寺院的僧衆、信衆集體創作，把鑒真大師爲法忘軀的精神，從揚州帶到全世界。

協助恢復祖庭大覺寺

所謂「飲水思源」，我對於宜興大覺寺始終不能忘懷，尤其在一九八九年前往大陸弘法探親之後，目覩祖庭幾成廢墟的情形，便心心念念都在等待時機因緣要協助復興祖庭，以報答師長對我的教育恩情。因緣際會，得到江蘇省宗教事務局翁振進局長的建議之後，二○○四年五月，又獲得宜興市政府批文，同意西渚鎮橫山村王飛嶺夼，作爲重建大覺寺的佛教活動點，協助復興祖庭的心願纔初步獲得了實現。

二○○五年十月大覺寺奠基開工，開始進行各項工程的籌建。兩年後，二○○七年十月，在宜興市委書記蔣洪亮、市長王中蘇、西渚鎮鎮委書記蔣德榮、鎮長陳平等人的指導下，第一期工程觀音殿首先落成開光。不過，大覺寺正式對外開放，則是二○一二年一月，第二期工程大雄寶殿建設完成之後的事了。

到了這個時候，一眼望去，大覺寺的建築已初具規模，想到過去在臺灣舉辦了七八次的素食博覽會，都引起廣大的回響，而現在宜興有這麼一處據點，何不舉辦一次素食博覽會，藉由「素食文化」來提升人的愛心和素質呢？就這樣，在幾經磋商之下，二○一二年四月，由宜興市人民政府主辦，宜興市旅遊園林管理局、西渚鎮人民政府、太華鎮人民政府承辦，雲湖風景區、人間福報、大覺寺協辦的「首屆宜興兩岸素食文化暨綠色生活名品博覽會」，在大覺寺正式登場。

開幕式中，由我敲響三次和平鐘，在悠揚的鐘聲裏，我分別祈願：一願「兩岸友好，中國富强」；二願「風調雨順，人民安樂」；三願「參加大衆，平安吉祥」。

當天到場的貴賓有：前北京市副市長張百發、前江蘇省委副書記馮敏剛、無錫市委書記黄莉新、宜興市委書記王中蘇、市長張立軍、副市長周中平等。

博覽會上，有來自臺灣、上海、南京、蘇州及新加坡、馬來西亞、泰國、菲律賓、日本等上千種素食及特色小吃，五天下來，共吸引了二十萬人參加。根據公安單位的報告，活動現場「零事故」，一點推擠、碰撞、吵架的情況都沒有，實在出乎他們意料之外，也一掃了當初他們對集會安全的顧慮。

我想，兩岸的友好，不一定都是從政治、經濟方面來著手，也可以從民間的文化活動做起。尤其宜興是紫砂壺的故鄉，而紫砂壺又與佛教的因緣深厚，我在宜興協助恢復祖庭之際，當然也希望能對當地文化的發展盡一點綿薄之力。

因此，在大覺寺尚未正式開放之前，二○一○年五月，當宜興宣傳部、宜興廣播電視臺、宜興供電局及宜興紫砂行業協會，與宜興大覺寺聯合舉辦「天禄之旅·紫砂問禪·大覺寺」活動時，應衆人之邀，我也特地前往出席活動，與國家級紫砂工藝美術大師徐漢堂、呂堯臣、譚泉海、汪寅仙、李昌鴻、鮑志强、顧紹培、何道洪等談禪論道。

確實，茶文化與禪文化是密不可分的，過去禪門學僧問道，禪師經常以一句「吃茶去！」指點迷津；平凡

的一杯茶，若有禪心，也是悟道機緣。

出席世界佛教論壇

對於大陸佛教，從促成佛指舍利來臺、兩岸梵唄讚頌團合作、捐建鑒真圖書館、開辦文化講座到復興祖庭，還有一項很重要的參與，就是出席論壇講說。

過去大陸舉辦宗教會議，都是內部舉行，二〇〇六年四月首屆「世界佛教論壇」在浙江杭州舉行，擴大為世界性的佛教論壇，可以說是領導人的高瞻遠矚，與時俱進，因為此舉必然是有助於未來國際佛教的交流及世界和平的實現。

此次論壇的主題是「和諧世界從心開始」，有來自世界三十七個國家、地區的千餘名佛教僧人參與盛會，很榮幸地，我也應邀出席論壇開幕典禮，並且發表「如何建設和諧社會」主題演說。演說時，我特別提到，和諧世界要從慈悲心、柔軟心、智慧心、誠實心，從自己開始。只要心中有和諧、有慈悲，成功、財富就會跟著來。

繼之，二〇〇九年三月舉行的第二屆「世界佛教論壇」，有五十個國家和地區的一千七百多位僧人、學者及社會各界人士參加，我再次應邀出席，針對大會主題「和諧世界眾緣和合」，提出「慈悲尊重可以和諧」、「包容異己可以和諧」、「人我平等可以和諧」、「共生共存可以和諧」等四點意見。

這一次盛會，各地派往參加論壇的佛教代表中，也有不少佛光山駐海外道場的徒眾；得知他們在海外打拚，受到當地政府肯定，也覺得很欣慰。

這次大會在無錫靈山梵宮舉行開幕典禮，我與中國佛教協會會長一誠長老、香港佛教聯合會會長覺光長老共同拈香祈願世界和平，並且與中華宗教文化交流協會會長葉小文、第二屆世界佛教論壇江蘇省組委會主任張連珍等，將來自印度、尼泊爾、韓國、日本、美洲、非洲等國的甘露水，灌注在巨型金色蓮花上，用以象徵佛法均沾全球五大洲。

論壇尾聲，閉幕典禮是在臺北小巨蛋體育館舉行，由國際佛光會「中華總會」承辦。與會貴賓有中國佛教協會會長一誠長老、香港佛教聯合會會長覺光長老、澳門佛教總會理事長健釗法師、中華宗教文化交流協會會長葉小文、第二屆世界佛教論壇江蘇省組委會主任張連珍、香港民政局長曾德成、法鼓山住持果東法師、華梵大學董事長修慈法師、國際佛光會「中華總會」榮譽總會長吳伯雄、「中華佛教居士會」榮譽理事長黃書瑋、慈濟慈善基金會發言人何日生，以及各國代表和三萬名信眾。

無錫在江蘇，江蘇是我的故鄉，世界佛教論壇能夠分別在兩岸開幕、閉幕，有其特殊意義，象徵兩岸同胞如兄如弟，對促進兩岸的來往、發展有很大貢獻，只要雙方持續往來，不分彼此，未來兩岸關係一定會更加密切。我能參與這場千載一時的佛教盛會，並且發表有關佛教對國家、社會具有正面影響的隻字片語，也是與有榮焉。

除了「世界佛教論壇」，還有一場值得一記的論壇講說，那就是二〇一二年九月十一日，我應邀出席在天津舉行，有「世界經濟風向標」之譽的「世界經濟論壇」（World Economic Forum），主講「信仰的價值」，成為該論壇創辦四十二年來首度專題講說的佛教僧人。出席這場論壇的，還包括總理溫家寶等七位國家元首，以及來自八十二個國家的政商界領袖兩千餘人。

講說時，我以「心中寶藏值多少、世界享有知多少、結緣迴向有多少、和諧禪悅共多少」四點詳述信仰的價值，提供來自世界各地的財經專家、企業菁英建設「富而好禮」社會的另一種思考面向。

此外，近年來，我也應北京大學、南京大學、上海交通大學、復旦大學、中山大學及廈門大學等校之邀，

前往各校講演。其中，廈門大學的那場講說，師生四千人熱烈參與的盛況，實在讓我見識到大陸知識分子渴求佛法的真切。

在我一生的歲月裏，自許不做「啞羊僧」，只要佛教需要我，衆生需要我，再多的講說，我都不辭萬里路途，樂做不請之友。我也曾受各省市的邀請，或參加寺院開光，或去講座，或「一筆字」展出致詞，承蒙江西省宗教事務局局長謝秀琦、江西省政府臺辦主任閻鋼軍、山西大同市長耿彥波、江蘇徐州市委書記曹新平，海南省委書記羅保銘、宣傳部長許俊、省臺辦主任劉耿等人的協助，以及其他很多領導的用心安排，無法在此一一列出，只有至誠在此一併表示感謝。尤其在大陸多場的講說當中，我也真誠地向與會官員表示，宗教確實有助於安定社會人心，希望政府能夠放寬佛教弘法的限制，讓中國佛教走上復興的道路。

重要賑災活動

每每大陸發生重大的災情，我本著血濃於水的同胞情誼，都希望盡一點綿薄之力。比如，二〇〇三年的SARS疫情（嚴重急性呼吸道症候羣），以及二〇〇八年四川大地震的各項救援等等。

說到二〇〇三年SARS疫情風暴襲擊全球，當時我人正在日本弘法，聽到疫情已經漫延到臺灣的消息，爲了安撫驚恐不安的民心，特別在媒體上發表《爲SARS疫情祈願文》，並且爲臺北和平醫院因感染SARS隔離住院的民衆録音說法。

之後，我又應福建省廈門市南普陀寺住持聖輝法師之邀，特地飛往廈門，參加中國佛教協會在南普陀寺舉行的「兩岸暨港澳佛教界降伏『非典』國泰民安世界和平祈福大法會」。致詞時我告訴大家，「非典」肆虐乃衆生業力所致，降伏「非典」的重要武器是净化身心，因此，人人要行三好——做好事、說好話、存好心，內心有了善的力量，能降伏其心，就能降伏疫情。

時隔五年，二〇〇八年五月十二日，四川汶川發生大地震，傷亡慘重，我本著「救災要救苦」的想法，於第一時間就率先捐款了一千萬人民幣給當地，並且成立「救災指揮中心」，由慈容法師擔任總指揮，整合全球賑災資源，同時於全世界各別分院設置超薦牌位和消災祿位，舉行「爲四川大地震災民祈福法會」。

事發後，各家媒體紛紛上山採訪我。在接受非凡電臺「海峽之聲」節目、TVBS主播方念華等媒體記者訪問時，我特別呼籲全球佛光人發揮佛教「無緣大慈，同體大悲」的精神，一起投入賑災工作，並且提出佛光人未來幫助災區重建的三大方向：一、建設組合屋，讓災民有安身之處；二、成立心靈輔導站，安撫受創心靈；三、希望全世界有緣人，共同重建受創的學校。不久，一支訓練有素，由臺灣、香港、馬來西亞等地所組成的佛光會救援隊與醫療隊，便整裝出發，前往四川災區會合救災。

之後，我在宜興佛光祖庭大覺寺也舉行了一場「爲四川大地震災民祈福法會」，由心定、隆相、普仁法師主持。當天，適逢國民黨主席吳伯雄帶領「國民黨大陸訪問團」到大陸訪問之際，也特地前來大覺寺出席這場祈福法會，並代表大衆諷誦《爲四川汶川大地震祈願文》。當天與會的貴賓還有國臺辦副主任王富卿、國家宗教事務局葉小文局長等逾千人，大家都以一顆虔敬的心，祈願亡者往生佛國净土，生者消災免難。

在四川災區重建期間，七月，我特地率領佛光會員、佛光青年及佛光童軍團等一行九十餘人，前往四川災區關心嚴重受損的三昧禪林、四川尼衆佛學院等佛教寺院恢復情況，並爲贊助重建的成都彭州三昧水慈善醫院、青川木魚中學與江油市彰明中學舉行奠基典禮，同時捐贈給北川與江油市六十七部救護車及兩千臺輪椅。

此行，時任國際佛光會「中華總會」總會長的心定和尚並代表佛光人贈送《佛光大藏經》給有一千三百多年歷史，由唐朝悟達國師興建的三昧禪林，三昧禪林住持廣成和尚也以《洪武南藏》贈予佛光山，象徵兩岸佛

教的友好往來。

其實，這一趟到四川，我是帶著報恩的心情去的。因此，對於四川父老兄弟姊妹的感謝，我都是說：我從小看《三國演義》，劉備、關羽、張飛的「桃園三結義」，乃至諸葛亮的「六出祁山」、「空城計」，他們是在四川建立的蜀國。《三國演義》豐富了我的童年。甚至杜甫、李白、蘇東坡的詩詞，到今天我也都能朗朗上口，他們有的就出生在四川。可以說，我的成長時期，都有四川孕育我、成長我，所以這次四川有了一點災難，我是應該來報答，實在不必言謝。

二〇〇九年臺灣發生「八八」水災時，中華宗教交流協會也透過佛光山捐贈人民幣伍佰萬元，跟無錫佛教協會的貳百萬元，幫助受災户，表達兩岸一家的情誼。

總說我們在慈善方面雖不是專業，但是本諸佛教「慈悲爲懷」的精神，全球佛光人無不盡心盡力投入每一次重大災難的募款、救災工作，只想聊表一點對大陸同胞的救苦救難之意。

回顧一九八九年重返家鄉故里至今，二十多年來，我在大陸從未有過傳教的行爲，只有致力於文化、教育的推廣，雖然這需要長時間的耕耘，總也是走一步就算一步。尤其佛教可以幫助社會樹立道德、建立次序，在今日大陸經濟發展快速、人心浮動不安的當頭，我又怎能不發揮佛教安定人心的功能呢？

因此，近幾年來，我在蘇州嘉應會館也設立了美術館，一方面提供當地藝術家一個展覽作品的場所，也增加民衆一個欣賞藝術作品的機會。另外，我也在無錫開設了「滴水坊」，推廣精緻實惠的「十元齋」（人民幣），希望讓民衆從嘗試素食，進一步接受護生、健康、環保的觀念。

尤其兩岸的政治體制雖然不同，但是人民均屬同文同種，同一血脈，如果民間能夠加强文藝、學術、教育等活動，經常交流往來，必然是有助於兩岸和平發展。

記得多年前，我訪問大陸時，在人民大會堂與全國政協主席賈慶林先生見面，他向我提起，希望有管道可以與國民黨有個交流的機會，我們對臺灣的貴賓一定「熱烈歡迎，隆重接待」。

我帶著賈主席的「熱烈歡迎，隆重接待」八個字回到臺灣之後，慎重地轉達給當時的國民黨主席吴伯雄先生知道。他一聽，很歡喜，知道大陸方面有誠意要和臺灣交流，便於二〇〇八年五月組成「國民黨大陸訪問團」前往北京訪問。此行，雙方除了就兩岸問題進行交流對話，也爲兩岸直航跨出了一步。

七月四日兩岸終於直航了。當天，我人正好要從南京回到臺灣，特地改變行程，搭乘東方航空MU5001首航班機回臺，共同見證了這歷史的一刻。想到六十年前從南京來到臺灣，六十年後的今天，又從南京回到臺灣，今昔相比，不禁感觸良多。其實，直航早該推行，可惜臺灣因爲不必要的意見，也就浪費了許多的時間、金錢與精神。現在兩岸終於直航，彼此在各方面的獲益必然是更多了。

總說我與大陸佛教，對於大陸的佛教現況，我確有憂心，雖然它富有深厚的文化底蘊，但是歷經大時代的變局後，當務之急就是道風的提振。佛教講「以戒爲師」、「戒住則法住」，有戒律纔有佛教，因此，今後寺院要加强制度的建立，僧侶要持守佛教的戒律，尤其要讓出家人接受教育。

想到民國時期，大陸有許多具有大師風範的出家人，例如：弘一大師、印光大師、太虛大師等，可惜現在他們的法脈都失傳了；我是臨濟宗四十八代的弟子，爲了「續佛慧命」，責無旁貸地應該肩負起「傳法」的責任。因此，依據叢林「傳法」制度，我不但在臺灣傳法，也收了幾位大陸的法子，比如：江蘇宜興大覺寺住持隆相法師、南京棲霞山當家諦如法師、廣州深圳弘法寺住持印順法師、遼寧錦州北普陀寺住持道極法師、河北保定大慈閣住持真廣法師、山西大同法華寺住持萬德法師、山東高唐大覺寺住持覺映法師、江蘇徐州寶蓮寺住持覺耀法師等等，期望這許多法子們都能以住持正法爲使命，令法輪常轉，佛日增輝。

除了收法子，我也陸續送了幾位本山的弟子到大陸求學，有：四川大學的滿紀、南京大學的滿昇、蘭州大學的覺旻、中國人民大學的妙中、中國社會科學院的覺多、北京大學的覺舫、武漢大學的妙皇、復旦大學的覺冠、廈門大學的滿庭等等，她們一方面攻讀博士學位，一方面也爲兩岸佛教的往來交流發心。

我想，未來大陸要能有長足的發展，必然先要讓佛教有辦法。就如同隋唐時代之所以能成爲盛世，靠的就是佛教的興盛。佛法能治心，是心靈的管理法，社會的發展若能配合佛法的道理，將來必能更有辦法！

我與世界佛教徒友誼會

我一九四九年來到臺灣，隔年世界佛教徒友誼會（簡稱世佛會）（World Fellowship of Buddhists）就成立了。前四十年，我與世佛會之間，有著一縷似斷猶連的因緣存在，從未積極爭取過一次擔任參加世佛會的代表，也沒有擔任過一席次觀察員，更遑論想與世佛會有絲毫關係。但是，在第十八屆大會時，我被推選為世佛會永久榮譽會長。之後，我與世佛會的關係轉為密切。至今回想起來，有些事情值得一提，為歷史留下紀錄。

世界佛教徒友誼會創立於一九五〇年，由已故太虛大師與斯里蘭卡籍的瑪拉拉色克羅（Malalasekera）博士等人共同發起，以「致力護持人類的安和樂利與世界和平」為目標，所成立的一個佛教會，總部設在泰國曼谷。首屆世佛會大會，是在一九五一年於錫蘭（現斯里蘭卡）可倫坡召開。來自亞洲、歐洲與北美洲（包括夏威夷）等二十七國代表前往與會，包括南北傳等各宗派僧俗二眾共聚一堂，為佛教史留下空前的創舉，並為世佛會奠定良好的基石。會中決議每兩年舉辦一次，發展至今，已對世界佛教產生巨大的影響，並且成為全球公認最能代表佛教組織的有力團體之一。

一九五一年適逢「中國佛教會」在臺召開會員大會，改選理監事。我以二十六歲之齡當選為「中國佛教會」常務理事，實出眾人意料，我自己也相當訝然。因為當時教界大德，如：慈航、南亭、東初等諸位老法師都同時落選。由此因緣，當時擔任「中國佛教會」理事長的章嘉大師，就舉薦我代表參加首屆世佛會的大會。雖事後有人反對而失去機會，但這是我與世佛會接觸的開端。

爾後，我雖歷任「中國佛教會」常務理事或理事，具有參加世佛會代表的資格，可是從第二屆至第十屆的世佛會，分別在日本東京、印度薩那（鹿野苑）、泰國清邁、馬來西亞吉隆坡及斯里蘭卡可倫坡等地召開，我卻未能突圍入榜。雖然是人為的因素，使我徘徊在參與世佛會的邊緣，但是我仍然為臺灣能有代表團參與世界性盛會而高興。

到了一九七六年，第十一屆大會在泰國曼谷召開，終於有人提議給二十多年來未曾與會的我能參與一席，但「中國佛教會」有人提出異議。國民黨社會工作委員會總幹事汪崇仁先生為息事寧人，就以我的弟子心定法師為觀察員代表我出席。這說明了我與世佛會的關係，只是有緣而無分。

一九七八年，臺灣遭逢國際認定的危難時刻，第十二屆世佛會在日本東京召開時，日本擬取消臺灣代表團與會資格。「中國佛教會」突然一致推舉我率團前往日本向日本佛教會抗議，要我爭回世佛會的代表權。當時的團員有淨心、聖印、慈惠（擔任翻譯）等法師和翁茄苳居士。

非常好的因緣，日本佛教會的朋友巖本昭典竟然接受我爭取兩岸共同參加的意見，仍然請臺灣的「中國佛教會」代表出席。我想：這次我必能代表「中國佛教會」出席了。

我不辱使命歡歡喜喜地回臺，哪知回來時，「中國佛教會」已經推選白聖法師等人代表出席了。我記得當時聖印法師給我電話說：「我們在前方作戰，他們在後方坐享。」

我還安慰他說：「開會很辛苦，不去最好。」

因緣時事就這麼作弄人，所謂代表權又一次落空。

第十三屆大會，於一九八〇年在泰國清邁召開，法國代表禪定法師建議世佛會總會，邀我以貴賓身份出席。但我申請離開灣時，因「中國佛教會」淨良法師不願意為我轉辦旅行證件，因而胎死腹中，又一次不得成行。

原議一九八四年第十四屆大會在佛光山召開。事前，世佛會總會派執行委員鄭天柱居士來臺瞭解佛光山舉

辦世界性會議的能力。鄭先生在馬來西亞和我約好了來佛光山的日期，未料，鄭先生在臺北盤桓數日，並未如約南下，隨即離臺。因爲有人從中作梗，但也只能慨嘆臺灣又喪失一次向世界佛教人士表示歡迎友好的機緣。

一九八六年第十五屆大會在尼泊爾召開，「中國佛教會」代表成一法師因爲大陸代表參加，隨即離席退出。我因爲在美國當選美國佛教青年會會長，世佛會就邀我以美國代表身份與會；但我婉辭美意，另外推薦弟子永楷和哈佛大學普魯典博士，由他們兩個人代表我赴尼泊爾加德滿都與會。

在大會中，與會代表一致企盼下屆大會能在美洲地區舉行，曾電話問我：是否歡迎下屆在洛杉磯西來寺召開？我欣然接受。在田寶岱先生的夫人田劉世綸女士（葉曼居士）的協助下，終於促成一九八八年第十六屆大會在美洲召開，成爲世佛會首度跨出亞洲門檻的先例，也留下最多國家、地區代表與會的紀錄——三十一個國家、五十多個地區。

此中，還有一個不爲外人所知的插曲。當我允諾世佛會後，西來寺工程發生了變化，原先承包工程的大西洋公司因故不能施工，我急忙找另一家工程公司承包。這家公司不負衆望，在短短幾個月中，迅速趕工，終於讓西來寺這座西半球第一大寺，如期完成。但是佛光山爲此多花了一千萬美元以上。

當時的世佛會會長桑雅・達瑪薩諦教授（Sanya Dharmasakti）祝賀西來寺的落成，他說：「就物質而言，西來寺是開山大師及其徒衆辛苦經營、無私奉獻的結果；就精神而言，它發射出莊嚴的光芒，盡虛空徧法界。如果把它當作一個地方，應稱爲宏模巨構；如果就開山大師及全體職事慈悲心所散發出來的精神特質來看，則其崇高祥和並不下於它的物質規模。」

感謝世佛會會長的讚美。來自全球各地的佛教徒齊聚美洲開會，尤其是我成功地讓兩岸的代表以「中華北京」和「中華臺北」的模式，在同一會議場所開會。看到與會人士的歡欣鼓舞，讓我欣慰不已，所有建築過程中經歷的種種困難與挫折，都已微不足道了。還有什麼事比全球佛教徒團結在一起更重要呢？

世佛會第十六屆大會的主題是「世佛會——爲世界和平而團結」，其特色如下：

一、人物殊勝：有來自世界各地五百多位佛教領袖及團體參加。

二、時間殊勝：世佛會第一次在西方國家召開會議。

三、空間殊勝：在西方第一座最具規模的佛教叢林式建築的西來寺開會。

四、因緣殊勝：適逢佛光山美國西來寺落成典禮。

大會的宣言如下：

第一、我們代表世界大多數的佛教徒宣言：我們學習佛陀的教義，使佛陀的仁愛精神散佈於全世界，並影響所有的人及政府單位接觸佛教，讓世上所有人皆能生活在和平與和諧中。

第二、我們實施「世界佛教徒友誼大會」的和平理論，將與其他的宗教及和平組織合作，以世界和平爲努力方向；我們也願意擔任調解人，熱切要求每個國家放棄核子武器。

第三、我們支持傳統佛教弘法的努力，以及東西方文化的融和，我們呼籲佛教徒能對全世界善美的文化教育，永續奉獻犧牲。

關於一九九〇年第十七屆大會，也曾徵詢我，在何處舉辦爲宜。我以國際奧運方在韓國圓滿，韓國應有實力接辦世佛會大會，而促成首爾會議的舉辦。

一九九二年的第十八屆大會終於在佛光山召開了，這也是多年來的表現，獲得世界教友認同纔得此機會。世佛會第十八屆大會，假臺北陽明山中山樓舉行開幕典禮，我發表主題演說「互助、融和與歡喜」，被推選爲世佛會永久榮譽會長，慈惠法師當選副會長。

承蒙大會推選我擔任「世界佛教徒友誼會永久榮譽會長」之職，總覺得因緣法則，冥冥中自是不可思議。因緣，是人、事、時、地、物、因、緣、果、報的聚合，缺一不可。雖然我感到歷經三十餘載的人爲障礙，但我相信，只要心爲佛教、心做佛事、心存佛法，縱有磨難，最後終能撥雲見日，佛光普照。

第一屆到第十八屆世佛會從未缺席的代表鄭天柱說：「從來沒有見過一次大會像佛光山辦得這麼豐碩、積極、有希望、有前瞻性。」

一九九八年十月底到十一月初，世佛會再度跨出亞洲，第二十屆大會假南半球第一大寺——南天寺舉行，有來自全世界八十個國家和地區中心的代表和觀察員，第一次聚集到南半球召開大會。開幕典禮時，在唱頌澳洲國歌和《三寶頌》、世佛會副會長 Sunao Miyabara 先生代表主席致詞後，我向與會人士提出四點建議：

一、宗派間的融和與尊重：佛教雖有不同宗派，可以異中求同，這必須靠大家融和與尊重。

二、教徒間的來往與交流：世界要達到和平，必須要大家互相往來、體貼、尊重、包容。

三、發展上的人間與現代：世佛會要辦世界佛教大學，並對於在泰國留學的學生給予資助，在重視佛教青年及重視佛教的文化、學術交流等方面是十分重要的。

四、佛教內的組織與團結：佛教普偏全世界是世人的一道光明，我們要以此光明照亮世界。

十一月二日閉幕典禮時，本次大會主題「佛教徒如何邁向二十一世紀的挑戰」，經代表們熱烈討論後，大會宣告：

一、以資訊的傳播及交通的發達來推動佛教的慈悲、忍耐、和平、包容的精神，以「和」解「爭」的教理來促進人際關係，增進彼此的祥和，爲大衆謀求福利。

二、讓佛陀的法音，透過現代高科技傳訊系統，不斷宣流，廣泛地提升弘法品質。

三、以事實證明佛教徒的生活與修持，能解決很多人類的道德問題。

四、世佛會落實會員對會務發展的能力及專長；例如，有摩擦的團體要求來協調，經由和平妥協、共識來排解紛爭。

我當場致贈美金一萬元給世佛會作行政基金，以促進佛教各宗派的融和，由新當選的瓦那米提（Phan Wannamethee）會長代表接受。

一九九八年，因爲我在印度佛陀成道的聖地菩提伽耶，舉辦國際三壇大戒，一心想幫助南傳和藏傳佛教恢復比丘尼的制度。很意外地獲知西藏貢噶多傑仁波切贈送我一顆佛陀的真身舍利。有感於這顆佛陀舍利的珍貴，我們在當年四月從臺灣以專機到曼谷，恭迎佛陀真身舍利回臺灣。恭迎的地點就在世佛會位於曼谷的總部。當時，藏傳的喇嘛、南傳和北傳的法師和信衆們聚集在曼谷，真是人間的勝況。我一直記得泰國僧王（HisHoliness Somdet Phra Nyanasamvara）對我說：「這顆佛陀舍利很小，但是需要很大的一塊地來供奉。」也因此促成了「佛陀紀念館」的興建因緣。

二〇〇〇年底，我率領徒衆到曼谷參加世佛會第二十一屆會員大會。開幕典禮時，泰國國務院總理乃川（Chuan Leekpai）頒發「佛教最佳貢獻獎」給我，肯定我對佛教的貢獻。除了佛教最佳貢獻獎外，我一生中獲獎無數，印象比較深刻的，如：一九九五年獲全印度佛教大會「佛寶獎」；二〇〇六年獲美國共和黨亞裔總部，代表當時該國總統小布希（George W.Bush）頒贈「傑出成就獎」等。其實我對所獲獎項並不著意，因爲這都是海內外大衆的成就，我只想盡自己的心力爲大家服務。如果獲獎能夠對全世界的佛教徒有所激勵的話，我願意忍受長途飛行的辛苦，出遠門一趟。

二〇〇四年，泰國人慶祝僧王九十大壽，鑄造十九尊金佛，分送到世界有緣的國家和地區。泰國僧王特別

指定送一尊金佛給佛光山。我非常珍惜這珍貴的情誼，隆重地將金佛供奉起來，讓大衆都有瞻仰禮拜的因緣。「佛陀紀念館」落成之後，這尊金佛就供奉在本館的金佛殿，見證南北傳佛教的交流，也不負泰國僧王的美意。

杭州舉辦首屆「世界佛教論壇」後，已成立五十六年的世佛會第二十三屆大會，二〇〇六年四月再度在佛光山召開。來自美國、紐西蘭、澳洲、德國、韓國、泰國、日本、俄國、印度、印尼等二十餘國、五百多位佛教代表，參加大會，共同研討「佛教與寬容——共創世界和平」相關議題。

世界佛教徒友誼會、世界佛教徒青年會、世界佛教大學，於佛光山傳燈樓集會堂舉行聯合開幕典禮時，我以四點勉勵大家：

一、佛教需要進步：因進步是人類共同希望。不進步就會退步，全世界各行各業都在求進步，佛教亦如此。佛教有些制度規矩也須重新修訂，纔能進步。

二、佛教需要事業：佛教四衆弟子都需要有事業，個人有個人的事業，團體有團體的事業。以天主教、基督教辦學校、建醫院爲例，因此佛教發展要靠事業。

三、佛教需要共識：南北傳佛教要融和、友好、團結，各項制度、儀軌、佛像、寺廟也要能統一。世界佛教需要動員及共識，讓佛教積極走入社會、家庭，纔能成爲民衆重要的精神糧食，與心靈慰藉。

四、佛教需要和諧：教團以「和」爲尚，六和僧團即爲和諧原則。

此次世佛會最殊勝的是，五十餘年來，世佛會開會典禮程式中，首次唱我作詞的英文版《三寶頌》開幕。看到大家各教派不分南北傳、顯密教，終於都能朗朗上口唱起《三寶頌》，這也是一大突破了。

尤其，這一次來自全世界的佛教徒代表發出正義之聲，爲維護正法，反對異教徒以不道德方法扭曲佛教徒的價值觀，以及反對邪教竊取佛教之名，作危害佛教之事，彰顯出佛教徒護法衛教的決心。

這件事緣起於同年四月，中國佛教協會與中華宗教文化交流協會致函世佛會，說明邪教在一些國家造謠生事，冒充佛教卻又攻擊佛教，對佛教造成極大危害。爲有效防範與遏止邪教的蔓延，懇請世佛會發出呼籲，號召佛教徒起來抵制邪教，共同維護佛教的聲譽與全世界佛教徒的根本利益。

世佛會大會二次全體會議中提出，「爲維護正法，反對邪教竊取佛教之名，做違害佛教之事」的宣言。特別在閉幕典禮上，由「中華佛教居士會」黃書瑋居士與美國照初法師分別以中、英文，宣讀第二十三屆世佛會大會十項宣言，主要有以下四點：

一、所有佛教徒彼此尊重、互相包容，共創和諧社會。

二、反對異教徒以不道德途徑，扭曲佛教徒的價值觀。

三、鼓勵通過心靈與環境、藝術的探索，確保社會持續發展的潛能。

四、維護正法，反對邪教竊取佛教之名，作危害佛教之事。

我對各種宗教都是採取「尊重與包容」的態度，樂意看到許多宗教有其發揮的空間。但是，我也有不能容忍的時候。當我看到有人竄改佛教名相，扭曲佛教義理和佛教徒的價值觀，誤導善良的大衆時，我實在忍無可忍。因此，得知與會大衆團結一致，彰顯佛教徒護法衛教的決心時，感到十分欣慰。

二〇〇八年十一月，世佛會第二十四屆大會在日本東京舉行，由現任佛光山本棲寺住持滿潤，和擔任國際佛教促進會執行長的滿和代表與會。滿潤運用當地的義工，在發稿和攝影方面提供相當多的協助。聽說榮譽秘書長帕洛普（Phallop Thaiarry）先生非常感謝我對世佛會的支持，凡是他向我提出的要求，我都答應幫忙。對我而言，只要是爲了佛教，我都樂於爲大家服務。

二〇一〇年四月，世佛會榮譽秘書長帕洛普先生的母親於曼谷往生。雖然徒衆建議由曼谷文教中心的住持

覺機代表致意即可，但我還是特別派了代表從臺灣專程到曼谷，參加法會並且爲帕母誦經祈福。另外，我也指示覺機爲帕母舉辦一場超薦佛事。事後弟子告訴我，帕洛普先生說我與世佛會不是只有公事的往來，更重視情意的交流，這點讓他非常感動。

二〇一〇年八月底，世佛會榮譽秘書長帕洛普先生伉儷專程從曼谷護送一尊泰國爲慶祝泰皇八十歲生日時所鑄造的金佛，連底座共一百一十九公分，來臺灣爲我祝福，並且邀請我參加年底在斯里蘭卡舉辦的第二十五屆世佛會大會。我感念他們夫婦專程來臺灣看我，雖然我也想到斯里蘭卡參加大會，但是因爲早已排好的日本弘法行程，只好另派代表參加大會了。

二〇一〇年十一月，世佛會第二十五屆大會、世佛青第十六屆大會、世界佛教大學第八屆大會於斯里蘭卡肉桂樹大酒店（Cinnamon Grand Hotel）舉行。大會的主題是「以佛法來解決問題」。斯里蘭卡的總理和總統分別與會。大陸代表團重新回到世佛會，由國家宗教事務局王作安局長率領八十多位法師與代表參加。

開幕典禮時，王作安局長提到：「佛教徒應該相互團結，淨化人心，弘法利生，促進世界和平。尊重世佛會的努力，讚賞世佛會的成就。斯里蘭卡爲世佛會的創始國，六十年後於斯國隆重召開，這是對創始國的尊重，對世佛會的成就表示尊重。」

我聽說與會的大陸法師們非常整齊有序，欣見他們的成長與進步。

二〇一一年八月，世佛會榮譽秘書長帕洛普先生的三公子結婚。帕洛普先生伉儷和他們的三位公子，結婚時均受到現任泰皇的福證。雖然覺機已先代我贈送一幅「龍天護佑」一筆字祝福，後來我還是特地揮毫「花好月園（圓）」的「一筆字」，由滿和法師專程送到曼谷，爲新人祝賀。聽說來自澳洲的會友跟帕洛普先生解說：「好」字左邊的「女」像一隻魚，右邊的「子」像隻鳥；園中間的「元」，代表圈住財寶，真是祝福滿滿的意思。

二〇一二年六月，世佛會第二十六屆大會在韓國麗水召開。首爾佛光山住持依恩和國際佛教促進會執行長滿和，在會中贈送「佛陀紀念館」的照片給世佛會的會長、副會長、執行委員和代表們。大家對「佛陀紀念館」的莊嚴與壯觀印象深刻，很希望有因緣能到「佛陀紀念館」召開大會。

後來，「中華佛教居士會」的黃書瑋居士，以世佛會副會長的身份，在大會上直接宣佈，下一屆的大會在佛光山「佛陀紀念館」舉辦。世佛會榮譽秘書長帕洛普也告知下一屆的大會要在「佛陀紀念館」舉辦。「佛陀紀念館」在「千家寺院・百萬人士」的支持與贊助下，於二〇一一年年底落成。本著「無我」的理念，我歡迎世界各地的人士到佛館參拜。全世界的佛教徒能夠在佛教的聖地舉辦大會，與佛陀接心，何嘗不是美事一樁。

在世佛會六十一年的歷史當中，由於世界各佛教團體的努力，數以億計的佛教徒凝聚共識，共同促進佛教於社會、教育、文化、慈善等佛教事業的發展，展開造福社會人羣的活動。

歷屆世佛會的成就有：

一、一九五二年世佛會通過縱橫均爲藍、黃、紅、白、橙等五種顏色的五色旗，作爲世界佛教統一的教旗。其五色象徵五乘共法，橫者，代表全世界人類的和諧相處，縱者，代表世界和平，也就是「橫徧十方，豎窮三際」的意思。

二、一九五四年世佛會於緬甸首都仰光召開第三次會議，一致通過代表三寶的「衛塞節」即「佛誕節」，爲全球佛教統一的佛教紀念日。

三、一九八八年，第十六屆大會在美國洛杉磯佛光山西來寺召開，首次跨出亞洲門檻，並突破往例，創下三十一國、五十多個地區中心代表與會的紀錄，並且讓兩岸佛弟子同席共會。

四、一九九二年，第十八屆大會首次在臺灣召開，首創報到手續全面電腦自動化作業；並且首創在臺灣南、

北兩處會場開閉幕的盛況，透過遠距視訊，首次從臺灣傳送畫面至歐、美、亞洲等十個定點。

五、一九九七年世佛會正式被聯合國科教文組織承認，納入國際性非政府組織（NGO）B類（資訊及諮詢組）。

六、一九九八年，第二十屆世佛會大會在澳洲佛光山南天寺召開，再度跨出亞洲門檻，在大洋洲將佛教更加發揚光大。大會決議成立「世界佛教大學」。

七、一九九九年世佛會向聯合國申請批示「衛塞節」爲「聯合國系」節慶。二〇〇〇年五月十五日（五月月圓日）聯合國批准「衛塞節」納入聯合國系節慶，首度在聯合國紐約總部正式舉行「衛塞節」慶祝典禮。之後每年「衛塞節」皆在聯合國紐約總部舉行，各國佛教團體與會。

二〇〇四年開始，世佛會即參與聯合國衛塞節慶典在曼谷舉行的籌備工作。二〇一一年五月十四日，第八屆聯合國衛塞節國際佛教大會閉幕式，在泰國曼谷聯合國亞太地區會議中心舉行，本次佛教大會有來自世界各地八十九個國家和地區的代表出席，共同探討社會與經濟發展中的佛教美德。

八、二〇〇〇年大會，泰國總理乃川先生（Chuan Leekpai）宣佈政府批示在泰國佛教城作爲「世界佛教大學」設立地點。二〇〇〇年十二月九日「世界佛教大學」於世佛會總部舉辦開幕儀式，由泰國僧王，泰國副教育部長及海內外佛教人士與會。「世界佛教大學」爲國際佛教學府，接受海內外僧俗二衆學習，除佛教科目的學習，並有身心修持課程。

九、二〇〇一、二〇〇二年爲「國際佛教慈悲年」，世佛會各地區中心共同執行慶祝。

十、世佛會人道救援工作這幾年頗有進展。緬甸風災、大陸震災、泰國水災、拉達克震災，爲災民和孩子們建房子，幫助印尼地區中心協助印尼震災和水災的災民等。

歷年來，世佛會皆有各國元首參與，並且給予相當的協助。於斯里蘭卡成立世佛會後，瑪拉拉色克羅博士（Dr. Malalasekera）擔任第一任的會長，緬甸烏查敦（Justice U Chan Htoon）續任會長，後由泰國公主蓬·畢司邁·狄司寇與泰國首相桑雅·達瑪薩諦分別擔任第三、四任會長，結合政府與所有佛教徒的力量，帶領世佛會繼續發展，泰國政府更在曼谷蘇昆微路建造一座永久會所，供世佛會使用。

二〇一二年十一月，我再度到泰國弘法，受到世佛會榮譽秘書長帕洛普伉儷熱情的接待。佛光山將在泰國建造泰華寺，我特地派任心定和尚擔任住持，預計在兩年內完工。心定和尚和帕洛普先生從世佛青開始，彼此認識多年。泰華寺完工後，南北傳佛教的交流將會更頻繁，對世道人心的淨化更有貢獻。

我覺得時代在進步，我也期許未來世佛會可以再培養更多的青年人才，讓全世界的佛教徒一起參與世佛會、發展世佛會；同時，期望藉由世佛會，讓全世界的佛教徒多一個交流與溝通的平臺，增進全世界佛教徒更頻繁的往來，凝聚全球的佛教徒，大家更加團結一致，利益大衆，共同致力促進世界和平的目標。

我召開佛教顯密會議

中國佛教發展爲顯教和密教後，密教成爲青藏地區神秘的教派，顯教普偏覆蓋了中國其他地區。有人歡喜密教，但也有一些人反對密教。從元朝開始，密教受宮庭的重視，發展到明、清，密教更因迎合皇室的需求，甚至成爲喜樂的工具。可是對於密教的發展，許多學者、教界人士卻非常憂心會對佛教前途不利，這也是因爲對密教的不瞭解，和某些藏傳喇嘛個人的行爲不當所引起。

我到了臺灣之後，臺灣當局受到西藏人士一些誤會，他們認爲國民黨在打擊他們，製造矛盾和離間，無所不用其極。不過，這許多政治事件的內容，我們也不太懂得。後來，我到印度去救濟藏區的難胞，達賴喇嘛下令不可以接受臺灣的物資，可見他們對臺灣的歧視。這又是後話了。

我發覺當年太虛大師弘揚佛教的理念裏就分有：漢語系、藏語系、巴厘文系、英語系、日語系等，我心裏想，西藏佛教還是值得去研究一下的。

像太虛大師的弟子來自河北深縣的法尊法師，首次有系統地把藏文經典翻譯成漢文，把漢文經典譯成藏文，而得以顯密交流。假如說他是學習藏傳佛教最有成就的人，實不爲過也。

當時河北省主席張篤倫的公子張澄基，十八歲時就毅然赴藏修學密教八年，後來娶了于右任先生的女兒于念慈作爲眷屬。他們一起留學印度，之後在美國成爲各大學的名教授。他翻譯的《密勒日巴尊者傳》、《岡波巴大師傳》風行了臺灣。另外還有一本《佛學今詮》，也相當受到重視。一九六〇年代，我還特別請張教授來佛光山教授佛學，並且在山上住了數個月。

密勒日巴是近代西藏佛教的高僧，確有其人，具神通力，可稱爲現代的大阿羅漢；對於密勒日巴苦學的精神，實在可以成爲佛教青年勵志最好的榜樣。我想，因爲密勒日巴尊者的關係，臺灣民衆對藏傳佛教建立了一些好印象，這應該是不爭的事實。

在我們佛學院教授歷史並且善於講學的鍾錦德老師，本來說要跟我出家的，後來跑到臺北拜一位女喇嘛貢噶爲老師，學密去了。

這位貢噶喇嘛，在家名叫申書文，是一九〇三年出生的清皇室貴族，也是藏傳佛教的金剛上師，道號貢噶老人。「七七」事變時，曾經到重慶會見太虛大師，在漢藏教理院學習藏文，並到西藏海拔八千公尺的貢噶山苦修了三年。後來經香港來到臺灣。一九六一年，位在臺北縣中和市的貢噶精舍落成，我和她有過來往，她也曾來過佛光山，聲望很高，人也很正派，活到九十五歲纔圓寂。

另外，我的好友曾在高雄市做過稅捐處處長的田璧雙，後來辭官不幹，也去做起喇嘛來了。甚至，一不做二不休，想在臺中興建密藏院，但是爲了土地環評的問題，始終不能通過。雖然那時候臺灣也希望有一座密教的道場，但終成泡影。

一九九二年，田喇嘛邀約南區「國稅局」及高雄稅捐稽徵處處長等人，特別來佛光山與我們海內外各別分院住持及單位主管兩百餘人舉行座談，可以說爲本山上了一堂「稅務課」，對稅法的歸類與性質，做了完整的介紹。

貢噶老人、田璧雙、張澄基、鍾錦德等，都是我周圍的知識朋友。但因我在新竹講習會教書的時候，印順長老、演培法師都曾說過，印度就因密教而使顯教滅亡。所以，我對密教也就心存戒心。

我初到臺灣在宜蘭弘法，一九五六年宜蘭念佛會的講堂新建落成，當天由「中國佛教會」理事長章嘉活佛率諸山長老前來剪綵啓鑰，受到教界人士的重視可見一斑。有了章嘉活佛的出席加持，佛法深入廣大的蘭

陽地區了。

章嘉活佛是第十九世章嘉呼圖克圖，一九三〇年受任爲「蒙藏委員會」委員，後來參與「中國佛教會」重整，與太虛大師合作無間，也曾擔任過蔣中正的「資政」。一九四九年由成都倉促搭機來臺灣，「中國佛教會」在臺灣復會，他當選爲第一屆理事長，對顯密佛教的促進不遺餘力，但他六十八歲就圓寂了，令人深感遺憾。

後來換了白聖法師做理事長，我受到很多的干擾。例如，五十年前，我創辦東方佛教學院時，白聖法師在會議上公開說要如何打倒東方佛教學院，幸虧當時的秘書長馮永楨先生挺我。馮永楨是山西人，爲人耿直，我與他的上司，曾做過「內政部次長」的王平先生是好友，對我也非常關照。

馮永楨告訴我，在會議上他跟白聖法師講，天主教辦了很多聖經學院，基督教也辦了不少神學院，我們也沒有要打倒、取締他們，爲什麼我們要去打倒、取締佛教辦的教育機構呢？

還好有馮永楨主持正義，否則我可能又更增加一些麻煩了。因爲那時候，我們要登記、要傳戒、要辦理離開臺灣的證件，必須獲得「中國佛教會」的同意，但是每次我去辦理，他們不但不同意，而且還是明白、公開地拒絕。

例如，依空在東京大學求學，依照在美國和慈莊一起建西來寺，依空的父親及依照的母親往生時，她們回來臺灣奔喪後，再想回去日本、美國，「中國佛教會」就不核准她們的申請書，不幫她們轉到「內政部」、「外交部」了。慈莊爲了再到美國，幾乎辦了一年的手續，周轉挫折，纔能成行。

此外，一九六九年時，慈惠、慈嘉、慈怡要到日本留學，我跟「內政部」、「外交部」都已經說好了，但程式走到「中國佛教會」就受到阻礙了，申請書就在時任秘書長悟一法師的辦公桌上，整整辦了二年都走不出佛教會。最後當局給予壓力，慈惠她們纔能成行。

後來，承蒙「社工會」總幹事林江風先生私下跟我說，你們將來自己可以成立一個基金會。有了一個基金會，辦一些國際往來事務、申請出訪，總有一個名義，就可以不必經過教會。其實，我們也不懂得這許多官方規定上的關係。可憐這些跟我學佛的青年，受到這許多遭遇，我想他們至今記憶猶新。

我們愛佛教，我們愛教會，但像這樣的教會，叫我們如何愛它？如何和它合作？實在難矣！我對世間上有權力的人，如果用智慧教訓人都還有話可說；但用權力壓制別人，這不公平的。因爲權力是公家的，不是個人的，不能假借公權力來欺壓別人，這是非常不道德的事情。

儘管我在臺灣受到「中國佛教會」的排擠，而且我也知道，所謂交通不怕多，有了一條公路，再有一條鐵路，甚至再有高速公路、隧道、空中航道等，都有好處，但我是不願與佛教分裂的，因此對於組織一個教會的事，我一再猶豫、三思。

這期間，也有好多人告訴我可以另外成立一個組織，例如丁中江先生，就給我這樣的鼓勵，倒不是爲了對抗，而是爲了今後好辦手續。因此，在我申請成立「中華佛教青年會」失敗後，承蒙當時擔任「蒙藏委員會委員長」的董樹藩先生說，你可以成立「中華漢藏文化協會」，就不必經過「內政部」和「教育部」，我「蒙藏委員會」准許你成立。

一個官員都出來挺身支持了，雖然這不是我最初的志願，但爲了弘法的方便，我在千不願、萬不願之下成立了。

一九八六年六月成立之後，董先生就要我幫助「蒙藏委員會」做一些事情，第一、他要我召開「世界顯密佛學會議」，邀請西藏四大法王前來參加；第二、他希望我跟達賴喇嘛接觸，拜訪他，聽他解釋對臺灣的誤會。

我聽了以後，覺得第一點可行，我召開會議，要來的可來，不來的可以不來。

那一年的十二月，確實轟轟烈烈召開了「世界顯密佛學會議」，當局各部門及各種安全單位，都極力給予我們支持及幫忙。蔣經國先生、加拿大總理拜仁・墨朗尼先生（Brian Mulroney）、泰國元首等均致賀電。

另外，四大教派的法王平時王不見王，除了達賴喇嘛之外，薩迦法王、直貢法王、貝諾法王都如約而到。還有許多密宗喇嘛、仁波切，以及南北傳法師和佛教菁英、學者專家都受邀而來，討論佛教未來的發展，藉此促進佛教團結融和，可謂盛況空前。

「世界顯密佛學會議」以「顯密融和與世界文化發展」爲主題，會議進行十分順利圓滿，成果豐碩。當時我向與會大衆大致說明會議的幾項成果：

一、這是佛教史上首次以探討顯密融和問題而召開的世界性學術會議，由顯密二宗與會人士融洽相聚、和睦交流的事實，已爲會議的主題做最具體的詮釋與見證。

二、有來自十九個國家與地區、三百餘人與會，其中有遠從尼泊爾、印度、美國及加拿大等地蒞臨的二十八位西藏活佛與喇嘛。蔣經國先生特頒賀詞，祝賀大會成功，顯見大會的召開，深受臺灣及海內外人士重視，深具歷史意義與時代價值。

三、發表的論文及與會人士的學養均屬一流，爲社會及佛教帶來的影響，不僅可提升臺灣學術界與佛教界學術研討的風氣，也可以使顯密佛教的教義菁華，得以進一步闡揚，對整治人心、匡正社會、促進國際文化交流等，必然有直接或間接的貢獻。

四、與會藏籍高僧，分別代表西藏四大教派，欣見他們參與會議的法喜，及西藏專題座談會的熱烈場面，正達成「行政院副院長」林洋港先生在閉幕典禮中所提示的：先求「教內」的攜手發展，再尋求「教際」的相互配合兩項目標。

五、西藏薩迦派教主訪問臺灣省政府時，應邱創煥主席之邀請時說道，佛教對西藏來說是很重要的，很高興見到西藏佛教團的復興。此正反映海外藏族人士的共同心聲，也肯定了「中華漢藏文化協會」推展漢藏文化工作的重要性與實質貢獻。

六、會議的圓滿不僅是一時的成就，也具有長遠的意義與廣大的影響。如與會人士建議成立顯密融和的佛教學院，以及成立顯密佛學研究基金會等，都反映出大家對本次會議的肯定認同與無限期許。

總結來說，此次的會議大大促進漢藏文化交流，我也算完成了董樹藩先生的願望。

但對第二點，董先生希望我和達賴喇嘛接觸這件事，因爲達賴喇嘛對國民黨有成見，不肯見臺灣的人，要和他來往確實有點困難。我曾在一九七九年，組織兩百人的印度朝聖團，乘坐泰航前往印度，一架飛機坐滿人，另一架飛機則是完全裝了救濟物品，預備送到印度和藏區，希望寒冬送溫暖，表示一點關懷之意。

不料，到達印度時，達賴喇嘛下令，不可以接受我們臺灣的救濟物品，所以只好把整架飛機的毛毯、日用品，大部分都分送給印度、尼泊爾的貧民，只有少數西藏同胞接受了一些。因爲我知道這樣的情況，所以要和他打交道，實在不容易進行。

一九五九年，達賴喇嘛率領一批人從西藏到印度達蘭沙拉，成立了所謂的「西藏流亡政府」，一些善於英文的年輕喇嘛，在世界各地的大學教書、傳教、教導禪坐，吸引不少西方人士學習密宗。因此，從禪門的學習到密宗的發展，他們在這方面也有做出一些成績。

記得我去美國洛杉磯西來寺，期間曾與達賴喇嘛同時出席一個在越南寺廟裏的集會。他對我倒蠻有好感，還用不純熟的中文對我說，他很喜歡漢傳佛教誦經的音調。後來經過一些信徒的要求，要我單獨和他見面，我就由慈容法師陪同和他會見。

一九八九年，我以「中華漢藏文化交流協會理事長」的名義，和達賴喇嘛有過晤談，後來他也到西來寺訪問。我曾建議達賴喇嘛回歸大陸，不要在海外流浪。假如說把西藏布達拉宮改成像梵蒂岡型態的一個宗教區，只行使宗教權力，西藏其他的區域就成爲自治區。我希望他也向大陸提出這樣的構想，他說：「我第一次聽到這種想法，我要仔細地想一想。」

那次之後，我們也曾在幾次公開場合上相遇，如在天主教堂及各宗教的法會，但我們從未深談過。我總感覺到，整個中華民族漢滿蒙回藏都是一家，國家統一是不可質疑，有分離觀念的人，終究不容易發展和獲得支持。後來我們就很少來往了。有一年，他要到臺灣，說明要到佛光山拜訪，但是我已有既定的出訪行程，不能輕易延後，所以也就不克與他見面。

之後，我也輾轉聽說，他說他不搞獨立，他要接受中央政府的領導。我爲他感到慶幸。但是不知道什麼原因，一直談判不能成功。

達賴的哥哥嘉洛頓珠也到過臺灣多次，好幾次也和我詳談各種狀況，但是對此，我自己本身也在困難之中，也無能助力。不過，我總希望，中央政府處理西藏問題時，對於宗教的問題，還是要用宗教的方法去處理爲妥。

意外的是，我不知道有一些人是如何說到我的，他們說我到大陸訪問，達賴喇嘛要來和我祝壽；我和大陸一些領導人會面，又傳出「星雲大師要與達賴喇嘛合作共建大學」……這許多謠言不知道從何而來；也因此，我不知背負多少罪名，其實都是冤哉枉也。

其實，一直以來，我對於大陸只有敬愛，並沒有一些不當的想法。例如，我請佛指舍利到臺灣供養，我辦兩岸的音樂會，我率領大陸的四個教派到全世界表演梵唄，我參與大陸的降伏「非典」法會，我在大陸協助恢復祖庭重建大覺寺等，承蒙大陸領導人賈慶林先生說我「愛國愛教」。在我的本心，豈是愛國愛教？我是愛全人類，只要是可愛的生命，都應該值得關懷。

自從一九八六年成立的「中華漢藏文化協會」，理事長是三年一屆，我擔任六年的理事長，依制度只能做兩任。我感念田璧雙喇嘛對我多年的贊助支持，甚至於佛陀舍利能夠來臺供奉，也是由他介紹促成的，於是我將「漢藏協會」全權交由他發展，我依規定退任。我認爲我做了我應該做的事，至於田璧雙喇嘛後來怎樣發展「漢藏協會」，我就不一一述說了。

由於我從小在漢傳佛教裏成長，雖然對藏傳佛教不懂，但我也努力促進漢藏佛教的交流。例如，一九九三年，我的在家弟子演過小王爺的陳麗麗，他陪同夏瑪巴法王來訪，談到復興佛教必須從教育下手，我告訴他我們在美國的西來寺，因地緣關係接觸到不少優秀的青年喇嘛，我因爲惜才幫他們準備機票到臺灣參學，結果人還沒到佛光山，在臺北就因信徒豐厚的供養而迷失了，實在好可惜啊！

夏瑪巴法王建議，爲避免日後類似的情況發生，可透過國際知名的機構、佛學院推薦交換學生。後來我還率先提供美金給法王作爲教育獎學金。

之後，泰錫度仁波切也要與我合作辦顯密法會，我也贊助他二十萬的美金，作爲一百位喇嘛來臺的路費，但最後卻不了了之。一位大寶法王的首座弟子，應不至於如此，也不知道究竟他們的行政人員另外有什麼想法了。

說到交換學生，早在一九八九年我去印度弘法要返回臺灣時，就留下馬來西亞籍的弟子依華，想不到她一個嬌小的比丘尼，竟然在窮困落後的印度獨自奮鬥了七年，經歷世界上最貧窮的生活洗練。她從印度梵文大學畢業之後，又去達蘭沙拉西藏辯經學院學習藏文，並且通過辯經口試。畢業後，回到佛光山幫我主持佛學院的

教育，甚受學生喜愛。

一九九三年時，電視導播孫春華的女兒妙融跟我出家，叢林學院畢業後，我給她一萬美金讓她去西藏、尼泊爾學習。最初都有往來報告，後來就跟著母親去陳履安先生成立的化育基金會了。陳履安的兩位公子也曾經在佛光山的男衆學部讀過書，後來也到西藏修學有成，來往於漢藏佛教之間。

二〇〇〇年，我又送了五位沙彌前往印度、西藏求法，因爲需要十幾年的耐心毅力纔能完成，我還曾寫信勉勵他們。終究因爲生活習慣大不相同，小孩子吃不了苦，没幾年就回來了。

二〇〇六年七月，聽説青藏鐵路通車，我因身體狀況未能成行，但我的弟子依恒、永芸卻趕上了盛會。她們從青海的西寧搭火車日夜走了二十七個小時，途中經過六千公尺最高點的唐古拉山，很多人都因空氣稀薄得了高山症，她們倆在火車内打坐，一路平安抵達拉薩。青藏鐵路通車吸引了各國媒體蜂擁而至布達拉宮，由於永芸當時也是「人間福報」的社長，所有媒體見到一個也是媒體人的漢傳比丘尼，竟然氣不喘地輕鬆登上布達拉宮，特别做了採訪，也算爲兩岸漢藏佛教做了一次交流。

佛光山倡導八宗兼弘，我們也没有排斥密教的道理。多年來，我贊助年輕的喇嘛來臺灣進修，對於大寶法王的弟子泰錫度仁波切、夏瑪巴給予經濟上的幫助，雖然日後都杳無音訊，但是到現在我仍然不灰心，因爲我把這些都視爲是個案，從不影響我對佛教的信心。

我主辦顯密佛學會議、世界佛教徒友誼會、禪淨密三修法會等，藉著這些活動，希望促進各宗派彼此的瞭解，團結佛教的力量，以達到益世度衆的成效。今天西藏的喇嘛不要只靠信徒供養，應該反過來爲信徒説法服務，這纔是現在「人間佛教」之道。

走筆至此，我深感到佛教發展至今，其實不光是顯密要融和，還有大小乘要融和、南北傳要融和、僧信要融和，因爲百川河流同歸大海，佛教纔能成其大，成其寬廣，纔能成爲全人類的一道光明。因此，我祈願所有的佛弟子，都能爲人類的福祉，爲世界的和平共同努力，畢竟我們都是信仰同一個教主佛陀，何必互相排斥、互成阻力呢！

高雄佛教堂歷史真相

人，有好運，有衰運；道場也有好運、衰運。高雄佛教堂從開始到現在，五十多年來，所走的都是衰運。

說起高雄佛教堂，可以說與我的因緣關係最深，但也可以說與我最沒有因緣關係。因爲六十年來，我前後在高雄佛教堂，總算起來沒有住上一個月，掛的名也通通是虛名。但是實際上，這六十年來高雄佛教堂多多少少都和我有些關係。

一九五三年夏天，煮雲法師駐錫於鳳山佛教蓮社，初期要辦一個佈教大會，邀約我前來助講；因爲這樣的關係，我到了鳳山。記得就是那年夏天的某個晚上，輪到我講演，講題是「如何醫治人生的大病」。那時候佛教講演，大部分都在神廟廣場或者公園空地，甚至在十字路口舉行，因爲當時汽車稀少。

當天我在鳳山的公園開講，那是一個露天的場地，聽衆大約有兩三千人。這在當時，可以算是一場很盛大的集會，難免引起員警的注意。不過我們也心無所懼，總想，只要能弘揚佛法，只要有益於世道人心，也就不去計較後果如何了。

演講時間是晚上七點至九點，當我講到九點時，在下面乘涼的聽衆一個個都在鼓掌，要我再講。我覺得很奇怪，一般說，唱歌可以再唱一首，講演哪裏有說再繼續講的？不過因爲年輕，豪情萬丈，看到聽衆熱情，自己也就鼓起勇氣，繼續講說。

當我又再講到十點，正準備結束時，聽衆又再鼓掌，要求繼續，就好像演唱會，歌迷要求「安可」一樣。記得那一場講演，最後是延到十一點鐘纔結束，事實上臺上講演是結束了，可是臺下並沒有結束。講演過後，就有十幾位居士來找我，男女都有，他們要我第二天到高雄苓雅寮佛教佈教所（鼓山亭）去講演。我也不知道佈教所在什麼地方，不過聽到有人要聽聞佛法，就很高興地答應了。

第二天，我在約定的時間到達苓雅寮佈教所，記得是在一個神廟的走廊上，約有信徒不到一百人。他們自稱佛學素養都有相當的程度，因爲昨天聽了我在鳳山的講演，覺得很相應，便要我到苓雅寮來再作一次講演。

當天我以浄土爲題跟他們講說，後來纔知道，這一幫人都不是念佛的信徒，但是聽了我講說的浄土內容，大表可以接受。因此，他們信誓旦旦地說要建立佛教道場，作爲弘法佈教之用。我聽了以後，就將剛出版，每本訂價五元的《無聲息的歌唱》，捐了二十本給他們，以一百元的金額表示對他們興建道場的贊助，然後我就離開了。

自此以後，我也常到鳳山幫助煮雲法師弘法，講說過《金剛經》，也曾爲他辦理信徒講習會。因爲鳳山和苓雅寮相隔不遠，那許多居士一聽到我來，就蜂擁而至，因此我得以知道這個團體的背景。他們都是臺南普明燈居士的信衆，平常不和出家人接觸，他們都皈依自性三寶，不承認僧團，不過現在竟然要和我來往，大家都覺得非常奇怪。

其實，我覺得這不能怪他們不和出家人來往，一者那時臺灣也沒有什麼出家人，縱有，或許傳教的方式、內容不合他們的胃口，彼此不能相契；現在也許是我有些新派、有些新解，他們覺得可以和我來往。

没多久，他們真的決定要建道場了，但一開始找不到土地，後來看中一個地方，就是現在成功一路高雄佛教堂的現址。只是這裏已經被規畫爲員警宿舍的預定地，憑民間的力量，想把公家的員警宿舍用地拿來建佛教道場，幾乎是不可能的事。

他們把這個情形告訴我，因爲我有一位熱心護持的信徒，他在高雄開設「澳洲行」，名字叫陳慈如。他的親戚洪地利，是警民協會的會長，在「議會」中有「地下市長」之稱，只要他同意，事情就可以解決了。他

們要我拜托陳慈如居士跟洪地利商量，沒想到洪地利先生這個人明理、親切，他很大方，一口就答應了，但條件是要我來負責住持。我當然瞭解洪地利先生的好意，便答應他，於是就這樣開始在那一塊土地上興建高雄佛教堂。

佛教堂為陳仁和建築設計師繪圖，後來因為建佛教堂，他當選為「臺灣十大建築師」之一，其所設計的佛教堂，更獲得臺灣省建設廳十大建築的首獎。當佛教堂還在打基礎的時候，那些居士就叫我來講經，因此他們和我來往，就變得十分密切。

可是這也是讓我深感苦惱的事，因為宜蘭和高雄，一個在臺灣頭，一個在臺灣尾，兩個地方我每走一次，都要一天的時間。那時候我在宜蘭，除了負責編輯《人生》雜誌，還有很多念佛會，如宜蘭、頭城、羅東、臺北等地的念佛會，都有許多事務要處理，我哪裏有時間常到高雄來照顧佛教堂的法務呢？

再者，我到其他的念佛會都很單純，他們人數不多，講個半小時、一小時的開示，大家就皆大歡喜了。但是高雄這一班信徒，他們不只是聽開示而已，還要跟我講話，一談就是幾個小時，一談就有好多問題，他們充滿熱情、充滿理想，可是我一個人要應付那麼多信徒，實在是力有未逮。

我越是推辭，高雄佛教堂的信眾們越是緊緊地拉住我。例如，我一兩個月來高雄一次，他們都是數百人在火車站排隊歡迎，並且還有樂隊演奏，然後是大小車輛遊街。當我要回宜蘭的時候，為了節省時間，大多坐晚上九點半的平快夜車回臺北，他們就集合到車站送我。

每次我要北上，總是儘量不讓他們知道，所以有時候故意買十點半的車票，他們就十點半來送；後來我又買十一點半的，他們還是等到十一點半，就是非要送我不可。我後來甚至跑到臺南去上車，哪裏知道，他們還是跑到臺南送我；因為這樣熱情，熱情到我受不了，就更加下定決心，不要住在高雄。所以人世間，有時候說「禮多人不怪」，但是禮數太多，也是過之猶如不及。

後來，我因為受到人情所迫，不得已還是常來高雄。例如，高雄佛教堂，一次就是派幾個代表到宜蘭去找我，跪在宜蘭雷音寺的門口，要我答應到高雄來；當然，宜蘭的信徒也不放過我，但是看到這種情形，他們也深受感動，就跟我說，短期的還是去結緣、結緣。

有人說南部很熱，而南部人的熱情，真叫人承受不起。有時候，信徒跟我說，有一個老人家患病了，他非常想念我，要我到他病榻前慰問他一下，這也是平常小事，我就前往。但是到了他家裏，蘋果、香蕉、汽水一堆，你不能完全不吃，枉費了人家的好意；吃過了一陣子出來，門口就有一個人說：「師父，我家就在隔壁，請你也到我家普照一下。」這個不能推辭，因為就在隔壁，去了以後，又是香蕉、蘋果、汽水。出來之後，又是一個：「師父，我的家就在對面，請你到我家來普照一下。」就在對面而已，隔一條馬路走過去就到了，結果還是香蕉、汽水、蘋果。從早到晚，我的肚子裏就裝滿了香蕉、汽水、蘋果，實在不好受；他們認為對我很好，可是我認為這對我很不好，所以我就一直不想要到高雄來。

當時有一群死心塌地、忠誠追隨的信徒，最熱心的，如陳罔市、陳慈靄、王洪如、郭慈華、周鶯、周慈華、朱殿元、陳仁和、楊春蓮、孫阿幸、陳慈智等，因為他們熱心護持，我於是南北兩地來回，就這麼斷斷續續地直到一九五七年，因為高雄佛教堂的建築設計圖，工程浩巨，那個時候臺灣經濟不是十分繁榮，大家負擔不起，不容易一下子就建好，所以只得陸陸續續地增建。

到了佛教堂的圖書館完成後，我就暫借圖書館講經說法，這個時候已是一九五六、一九五七年左右了，我請香港的月基法師來臺灣。當他到了臺灣，我邀他參觀宜蘭念佛會和高雄佛教堂，請他從中選擇一處，駐錫弘法。他選擇了高雄佛教堂，我非常高興，因為我覺得月基法師為人親切，也歡喜和在家信徒往來，我就向高雄

佛教堂的居士們推薦。

高雄的居士們在我一再説服之下，勉强同意，當時我安慰他們説，我請月基法師住持，我做監院；如果你們不接受的話，我連監院都不做。如此雙方達成協議，月基法師也就前來就任住持了。

但是這時候，佛教堂從一開始就隱藏著的問題都陸續發生了，前面説過，佛教堂的重要幹部都是苓雅寮佈教所的信徒，他們都是臺南普明燈居士的羣衆，皈依普明燈，法名都跟別人不同，比方叫「虛空住」、「寶妙寶」、「妙成就」等，都是三個字的名字。我一直没有見過普明燈居士這個人，據説自從一九五三年我到高雄，這些信徒正式皈依三寶之後，他就不肯再來高雄了。

這個時候，許多皈依自性三寶的老師、長老們，又再回來佛教堂，要享受他們領導的權利，如陳明、宋仁興等。月基法師没有辦法對付他們，有時候我來高雄，那許多人都不出面，我走了，他們又來。就這樣持續下去，月基法師也感到很難堪。

尤其這個時候，旁邊的員警宿舍還没有動工，我們又把他的另外一塊地，搭成一個簡單的房子，辦起幼稚園來。幼稚園一切都籌備妥當，就差登記便可以招生了。這許多人出面，説辦幼稚園不重要，佛教堂需要弘揚佛法。他們義正辭嚴，月基法師就勸我要接受他們的意見。我覺得辦幼稚園也是弘法利生，這是新佛教應有的事業，現在有了這麼新穎莊嚴的佛教堂，應該辦教育，要一新大家的耳目，但是臺南派的居士們就是一直杯葛。

當然幼稚園還是辦起來了，請了慈容法師擔任院長，慈容法師特地辭去宜蘭蘇澳水泥廠的幼稚園園長之職，到高雄來擔任高雄佛教堂慈育幼稚園的園長。

這個時期，有精明能幹的周慈華小姐和周鴛女士，他們二人就如同高雄佛教堂的護法神，一個掌握行政，一個掌握財務。尤其周鴛，她每半個月賣出一兩萬張的彩券，讓人摸彩，一張彩券纔一塊錢，以「愛國獎券」的後面三個號碼來對獎，得獎的人可以獲得脚踏車一臺，作爲獎賞。

這些彩券大概一千張纔能對得到一個獎，有的人把彩券弄丢了，即使中獎也領不到脚踏車，所以每期賣出一兩萬張彩券，大概只需要幾部脚踏車就夠，每部脚踏車大約七百元，因此她每半個月大概都能賺得一兩萬元。

這兩位女士爲佛教堂熱心奉獻，再加上陳仁和、朱殿元、方耿伯、陳慈如等護持，佛教堂的法務，就這樣如火如荼地展開。但後來發生「獅子事件」，爲了兩隻水泥製造的獅子，究竟要放在殿内佛前？還是放在門外？紛争不休，佛教堂於是嚴重地分裂。月基法師没有辦法處理，他就想退出，要到距離高雄不遠的五塊厝，建立棲霞精舍。

當時我也覺得他們老是這樣争執，近於無理取鬧，我不喜歡摻雜在是非圈子裏，就和月基法師同時退出了。奇怪的是，也没有人留我們，那許多信徒都鼓勵我們一起退出，包括朱殿元、周鴛、陳慈如等也一起退出，就説要另外建壽山寺。不過這樣子一來，月基法師去五塊厝建道場，我的信徒們在壽山公園的門口建壽山寺，好像大家都放棄佛教堂了。

不過我心裏還是默默在想，以我和佛教堂近十年的關係，他們可能還會像過去一樣，一直不肯放我，要我回來。但世間的因緣難定，之後也不曾有人再跟我提起，他們都要我到壽山寺，我就跟他們一起到了壽山寺，所以問題很快就得到解決。

高雄壽山寺所在地，本來是一個商人要建飯店的地方，聽説都已經挖好了基礎，後來我們信徒請他讓給道場。高雄人很可愛，他一聽到是讓給佛教，欣然同意，所以後來佛教堂的信徒就會合到壽山寺來了。

雖然如此，我一向關心佛教，所以仍然默默地注意佛教堂的發展，發現他們從此再也沒有出家人領導。在這期間據説也有很多出家人來過，但是來了就又離開，都不願意住下來，大概知道不容易發展，所以工程也停頓了。

後來我們走了以後，又有一批人慢慢進來，他們不知道前面十年的歷史，就認爲高雄佛教堂是從他們開始的，佛教堂經過歷史的斷層，將近有四十年的時間。這四十年來，我都沒有聞問，不過這期間他們更換董事長像陳明、趙中秋、黃蔡林、朱有福、釋傳道、周振瑞、潘登昌等，選了又選，個個都來爭，個個都來做，都是那幾個人不斷地上臺、下臺，搞得烏煙瘴氣，後來只剩下幾十個人在那裏拜拜。那些人應該也不是沒有信仰，只是他們有的不懂，以爲佛教就是這樣，他們也在那裏鬥爭。

這種情況，看在有心爲佛教做事的人眼中，就覺得很可惜，這麼一個黃金地段所建立的佛教堂，沒有僧寶，也沒有佛法，多年來就只有紛爭，所以有心的信徒除了望堂興嘆，實在是無可奈何，因爲他們不懂得佛門的規矩，也不懂得宗教的組織。

不過，後來全體的信徒幾乎像革命一樣，起來立志革新，要請佛光山法師駐錫弘法，佛光山派慧寬法師前往。慧寬法師在佛光山的徒衆當中，是一個很有才華的青年才俊，他也知道前因後果，感到佛教堂應該能爲佛教做事，能讓佛法放光。於是他在大家的敦請之下，前往弘法，並當選董事長，也帶了幾位佛光山的男衆前去，希望再興佛教堂。因此，過去幾十年來，高雄佛教堂都是走衰運，一直到了慧寬法師前往，法務纔算正常，道場重新回復清淨莊嚴，一切纔步上軌道。

回顧過去，有幾件與高雄佛教堂有關的小事，也值得一提。

第一件事是，當時青年會裏有一位十七歲的小女孩叫慈真，人長得天真活潑，上臺講演頗有臺風，相當有才華，也很得人緣。忽然之間，不知什麼原因往生了。高雄佛教堂青年會的青年視爲大事，後來把她奉安在義永寺。

我到高雄來，青年們就簇擁我去看她，他們説因爲慈真臨終之前念念不忘師父。當時我也相當重視佛教青年，爲了表示對他們的關心，和安慰這麼多青年們的心情，我還寫了首新詩弔唁。後來，青年們還把詩刻在她的骨灰罐上。第二件事是信徒朱殿元。那個時候，我以撰寫的《釋迦牟尼佛傳》向日本大正大學申請就讀博士班，校方審核通過，寄來了入學通知書。我已預備把北投普門精舍的房子賣了，可以有十五萬的臺幣。我想，應該足以應付在日本生活，至少維持個三四年沒有問題。

我之所以去日本留學，其目的是因爲那時候所有從臺灣去日本留學的男衆比丘，幾乎全軍覆没，還俗去了。我就想，我要爲男衆爭一口氣，我一定要回來給你們看。

後來，朱殿元知道我要到日本留學，就跟我説：「師父，我們現在都想到您是我們的師父，沒有想過您還要去做學生……」

他的話還沒有講完，我就懂了。我心想：「對了，我是你們的師父，沒有資格條件再去做學生了。如果要去做學生的話，當初就不應該做你們的師父。我現在已收了這麼多的徒弟，怎麼可以再去做人家的學生呢？」好，不要去了，博士不要了。從此，打消去日本留學的意思。

在一九五〇年代的當時，能夠申請到日本留學，可説是一件相當隆重而且不容易的事情，光是一份入學證，就必須要有多少單位的印鑑證明纔能拿到，幾乎是厚厚的一本，這些資料如今都已不知存放到哪裏去了。當時放棄到日本留學，雖然也有人爲我可惜，但我從來沒有後悔，今天如果不是因爲提到佛教堂，我也早就把此事給忘了。

現在高雄佛教堂的董監事，如邱蕭金妹、張美容、林孫淑珍、顔麗容、薛洪紫薇、黄曾龍雀等，他們都是具有正知正見的佛教徒，對佛教堂護持甚力，所以法務更加蒸蒸日上。二〇〇五年期間，我曾到佛教堂與董事及護法們接心、開示，後來也曾和謝長廷先生在佛教堂見面。只是現在我已垂垂老矣，對於佛教事務也管不了這麽多，雖然高雄佛教堂現在是佛光山的一個别分院，由佛光山宗務委員會統一管理，但是我再也没有到那裏講過經、説過法，或邀約信徒見面。

不過，我想未來佛教堂最大的困難點，就是旁邊的警察局老宿舍用地如何規畫。其實，高雄警察局已經没有必要在那裏建宿舍了，因爲土地不多；可是高雄佛教堂如果没有那塊員警宿舍的用地，就會失去緑化環境的空間，所以今後還是要請當局明鑒，爲了市容的建設，這個地方應該要有一個整體的規畫。

其實，假如當局想要那一塊地，也可以拿另一塊地跟高雄佛教堂交换，我想像佛教本來就是要爲社會服務，大家都樂於護持當局；但是如果當局没有人出面負責，看起來將來這個地方的建設，還是有得拖延。

佛教堂當初興建在成功一路的這個區域，地點實在是再好不過了，尤其現在和漢來大飯店對面而立，漢來也急於要這一塊地擴展他們的事業，但是這個道場是由董事會負責，不是哪個個人可以做主處理的。

高雄佛教堂尤其具有地利之便，可以度許多年輕人，因爲過去凡是在前鎮唐榮鐵工廠、硫酸亞、臺肥、中鋼等公司上班的許多員工，他們每天上下班都必須經過佛教堂，如果他們當中有百分之幾的員工能成爲佛教堂的信徒，甚至護法，佛教堂必會有光輝的一天。

過去佛教堂也出過一些人才，如港務局的姜宏效，慶芳書局創辦人李慶雲，真好味大飯店的董事長王慈書（王俊雄），再如市「議員」王青連、建築師陳仁和，還有省「議員」趙繡娃，都是出身佛教堂，都像佛教堂的兒女一樣。

佛教堂有度衆的能量，但是没有集聚信徒的永恒發心，大概今天高雄市所有道場，像新興區的宏法寺，鼓山區的元亨寺、法興寺、千光寺，包括壽山寺，還有澄清湖的澄清寺、義永寺，燕巢的清然寺，内惟的龍泉寺等，他們的發展，多多少少都與佛教堂的信徒有關。

以上，之所以談到我與高雄佛教堂的往事因緣，主要是二〇〇九年「國史館」出版了口述歷史《人間佛教的理論與實踐——傳道法師訪談録》一書，傳道法師談及高雄佛教堂的歷史，其中諸多内容與史實不符，念其未曾參與及瞭解佛教堂過去的歷史，因此在此略談一二，以正視聽，還原史實。

我推動「人間佛教」

二〇〇二年的農曆春節，「遠見・天下文化事業羣」創辦人高希均教授，與幾位朋友到佛光山過年。一天早晨在雲居樓談話時，高教授忽然問我：「什麼是『人間佛教』？」我一時覺得對這些學者、教授，也不能提出什麼大道理來談，我就扼要地對他説：「佛説的、人要的、净化的、善美的，凡是有助於幸福人生之增進的教法，都是『人間佛教』。」想不到後來「佛説的、人要的、净化的、善美的」這四句話，就成爲現在我們推動「人間佛教」必然的宗要。

説到「人間佛教」，當初佛陀出生在人間，出家、成道、説法都在人間，佛陀既未在天上説法，也沒有和地獄、餓鬼開示，完全是對人而説的道理，這不就是「人間佛教」嗎？因此，凡是「佛説的」，我們都把他規範爲「人間佛教」。

佛陀對人所説的法，諸如慈悲、忍耐、智慧、歡喜、自在、解脱、安樂、富有等，這些不都是「人要的」嗎？所以當然是「人間佛教」。只是人間有邪惡的，有醜陋的，有汙穢的；「人間佛教」就是要針對人性裏的貪、瞋、癡、嫉妒、我慢等醜惡的一面，以戒、定、慧來加以净化，希望把人性的真善美提升起來，使之達到光明、清净、善美的境界。

因此，「人間佛教」就是要從净化心靈的根本之道做起，但也不是因此而偏廢物質方面的建設，而是要教人以智慧來運用財富，以出世的精神來做入世的事業，從而建立富而好禮的人間净土。所以我説「人間佛教」是佛説的，是人要的，是净化的，是善美的。

回想我童年出家，老師們都叫我們睡在地下，都説沙彌戒不可以睡臥高廣大牀，但令人不解的是，佛教爲

什麼又要教人念佛，以求生西方極樂世界去享受富樂呢？現在一般社會人士不也都説「但願天下有情人終成眷屬」，那佛教爲什麼又要批評他們「不是冤家不聚頭」呢？我們平時出門坐個公共汽車，也要花個幾塊錢，可是爲什麼佛教又把黃金視爲毒蛇呢？

當然，金錢有善有惡，有人確實爲財而死，但也不能因此一味地排斥金錢，如果説把世間欲樂完全排除，那又要如何生活呢？因此我覺得「離欲」的佛教必定是少數修行者所要實踐的，一般大衆必定要推行「少欲」的佛教，「少欲知足、淡泊清净、和諧無諍、尊重包容」，這纔是「人間佛教」所要弘化的內涵。

因爲「人間佛教」是「以人爲本」的佛教，人在世間生存，日常生活少不得各種資生物用，所以「人間佛教」不能不顧及現實人間的生活需要；只不過人的欲望是無窮的，而世間的物質有限，過多的貪欲一旦得不到滿足就會失望，因此「人間佛教」提倡「少欲知足」，少欲纔會安樂，知足纔是富有。

相對的，貪吝不捨的人，心中永遠不會滿足；不懂得滿足，即使擁有再多財富還是貧窮，所以過去我常説，世間上有很多「富有的窮人」。人生唯有懂得知足，纔是富有；如果世界上每個人都能少欲知足，自然能淡泊清净、和諧無諍，人與人之間自然互相尊重包容，那麼這個世界就會和平。

過去太虛大師他們説「人生佛教」，在我覺得，人生需要佛教，但什麼佛教纔是人生需要的呢？因此我就發展出「人間佛教」的思想。我覺得過去的佛教重視山林，重視叢林寺廟，重視僧侶，重視講説玄談，其實那些都不重要，因爲他們都離開了「人間佛教」。

所謂「人間佛教」，要從山林走上社會，要從寺院走進家庭，要從僧衆擴及到信衆，要從玄談而到重視生活服務。也就是説，「人間佛教」是「現實重於玄談，社會重於山林，大衆重於個人，利他重於自利」，「人間佛教」主張，每個人不但要時時開發自己的真如佛性，以求自度；而且要念念開發社會的福慧净財，以期度他。

所以我提出「發心與發展」，以及「自覺與行佛」，作爲「人間佛教」實踐與修行的法門。

所謂「發心」，就是希望人人「發慈悲心，怨親平等；發增上心，定慧等持；發同體心，人我一如；發菩提心，自在圓滿」。所謂「發展」，就是由個人及於社會，大家共同來「發展人性的真善美好，發展世間的福慧聖財，發展人際的和樂愛敬，發展未來的生佛合一」。

發心，就是自覺；發展，就能行佛。一般佛教修行的目標，都是爲了解脱生死，達到圓滿涅槃的境界；「人間佛教」則更進一步爲利益一切衆生而奉獻。

因此，什麼是「人間佛教」？簡而要之地説，「人間佛教」就是要把佛陀對人間的開示教化，落實在生活裏，透過對佛法的理解與實踐，增加人生的幸福、安樂與美好。所以凡是人需要的、人能實踐的，而且實踐之後能讓人獲得自在解脱、安樂富有的，就是「人間佛教」。

「人間佛教」是一個時代的自然產物，他是佛教爲未來衆生所開出的救生艇，是佛教爲普羅大衆所標舉出來的救命指南。「人間佛教」儼然已經成了「現代」、「文明」、「進步」、「實用」的代名詞。

佛教，如果我們把他分爲傳統的、現代的，傳統的佛教發源於印度，後來隨著時空推移而分佈到世界各地；在流傳、發展的過程中，由於每個地方的地理環境、氣候、文化、風俗、習慣都不同，因此形成各具當地特色的佛教，這是很自然的發展，無可厚非。只是傳統佛教早已走了樣，我們自然不能固守傳統，不可抱殘守缺，而應該順應現代的社會、現代的文明、現代的思想潮流，發展出適應現代人需要的現代化佛教；如此纔能把過去諸佛菩薩和高僧大德的教化，以現代人熟悉、樂意接受的方式，揭櫫於大衆。

所以，「人間佛教」就是現代化的佛教，所謂「現代化」，含有進步、迎新、適應、向上之意。「人間佛教」雖然積極走上「現代化」，但並不是完全否定傳統，而是要把傳統與現代加以融和。

傳統佛教的佛法義理，諸如緣起、中道、無常、因果等，這是人生的真理，從釋迦牟尼佛宣説至今未曾更改，是「亘古今而不變，歷萬劫而常新」；但是佛教隨著時空的推移，有些儀式、規矩、制度，都需要隨著時代而進步。所以我曾提出「教義是傳統的，方法是現代的；思想是出世的，事業是入世的；生活是保守的，弘法是進步的；戒律是原始的，對社會入世是現代的」，以此做爲傳統與現代融和的原則。

我個人從小就是受傳統的叢林教育，我到現在八十餘高齡，仍然過著傳統的佛教生活。例如，吃飯一粥一菜，我甘之如飴；睡覺一方榻榻米之地，我也安之如素；傳統的叢林生活，所謂「衣單兩斤半，洗臉兩把半」，我都能照做。只是佛教不是我一個人的，是衆生的，不能以個人習慣去要求大家照做，所以我有傳統的本質，但有現代「人間佛教」的性格。

例如，我五音不全，不會唱歌，但我一直提倡用梵唄唱頌弘法、用歌唱音樂傳教，因爲佛教不是爲我個人而有，而是爲衆生需要。尤其佛法是要帶給人歡喜的，有歡喜纔會有法喜，因此儘管直到現在，我個人的生活以簡樸爲樂，我喜歡清貧淡泊，但遇到信徒上山，我要有豐盛的素齋，要有好的供養，因爲正常的吃是生活所必要的，何必一定要用苦行來要求別人呢？

甚至我個人可以不要金錢，但不能要求在家信衆跟著一樣不要錢，因爲他們要養老，要醫護，要家用，要結緣，如果要求大家都不要錢，以後生活怎麼辦呢？即使要修道，沒有淨財、資糧，又如何能安心呢？所以適當的「擁有」，是佛教需要給信徒的觀念。

過去的佛教就是因爲太過於偏重出世思想，不但把世間説成「苦空無常」，尤其講到金錢都是「黄金是毒蛇」，講到夫妻都是「不是寃家不聚頭」，講到兒女都是「一羣討債鬼」。

因爲傳統佛教過分否定人生所需要的物質、財富、家庭、眷屬、感情、名位等，造成佛教與生活脱節，甚

至充滿消極遁世的思想而遭人詬病。所以我提倡「人間佛教」，我認爲佛法不能悖離世間的生活，不必什麼都要否定，只要合乎正業、正命的財富，反而應該鼓勵人多多賺取净財；甚至對於夫妻、兒女，既然有緣成爲眷屬，就要好好教育成才，就應該彼此互敬互愛。

我曾在「如何建設人間佛教」這篇文章中，明白指出，「人間佛教」所要建設的是「生活樂趣、財富豐足、眷屬和敬、慈悲道德、大乘普濟、佛國净土」的「人間佛教」。我覺得「人間佛教」一方面要隨順現實人生的需要，不否定世俗生活對物質、感情的追求，繼而再用佛法引導大家進一步充實心靈的生活、擴大精神的世界，讓人懂得「外財固然好，內財更微妙」，讓人過著「吾有法樂，不樂世俗之樂」的佛化生活。

當人心經過佛法的薰陶，把追逐五欲六塵的染汙欲，轉化爲欣慕解脱自在的善法欲；把自私小我的情愛，升華爲人我一如的慈悲大愛，這種「净化的」、「善美的」佛性之顯發，當下就是人間净土的實現，這纔是「人間佛教」所要達到的最終目標。

因此，「人間佛教」不能離開人間，不能脱離生活；「人間佛教」更不是空談理論，還要有具體的實踐之道，所以我提出「佛教人間化，人間佛法化，佛法生活化，生活信仰化，信仰理智化」，以此作爲「人間佛教」的落實之道。

也就是説，「人間佛教」不能離開人間，否則即不名爲「人間佛教」；但是我們也不能把佛教當成學術來研究，而是要把「佛學」變爲「佛法」，要把「理論」變成「實踐」，透過實踐與體證，把佛法內化爲人生的智慧，變成指引人生方向的信仰，有了這種合乎理智的信仰，人生纔能圓滿完成，這就是佛陀降誕人間「示教利喜」的本懷。

我在七十幾年前，最初接受佛教教育的時候，太虛大師在四川漢藏教理院邀請梁漱溟先生講演。梁先生

早年曾隱居在一個佛教的寺院裏發憤用功，研究佛學，沒幾年時間，他不僅深入佛法，世間學問更是大進。但是原本研究佛學的他，後來卻由佛入儒了；爲了説明自己的想法，他在黑板上寫了六個字：「此時、此地、此人」。

意思是説，佛教講到時間，都是無量阿僧祇劫，但他認爲現實人生最爲重要；談到空間，佛教説此世界、他世界、十方一切世界，但他認爲本土最爲重要；談到人，佛教强調一切衆生、四生九有，但他認爲現實的人類最需要幫助。

當時主持演講會的太虛大師即刻回應説：「梁先生對佛教誤解了，佛教在時間上雖説有過去、現在、未來，無量阿僧祇劫，但是著重的是現實當下的解決問題；佛教在空間上雖講此世界、他世界，無量十方諸世界，但是著力於本土世界的建設與净化；佛教雖講有情，不止人類而已，也説地獄、餓鬼、畜生，乃至胎生、卵生、化生等十法界無量衆生，但是最爲重視以人爲本的普世救濟。」

太虛大師的話，已經很清楚地説明了「人間佛教」的性格。「人間佛教」重視的是現世人生的富樂，「人間佛教」就是要把净土建設在人間，讓人當生就能「現證法喜安樂」，而不是把希望寄托在死後纔要往生西方極樂净土。所以我在開創佛光山的時候，就立意要把佛光山建設成爲生亡皆可往生的人間净土。

我的信念是：佛光山就是極樂净土，佛光山就能給你安養，因此我們設有佛光精舍，讓護法衛教的信徒及功德主們，到了老年的時候能在佛光山頤養天年，而不一定要往生以後纔到西方極樂世界，讓阿彌陀佛來補償他。我認爲我們要把幸福、快樂在當下成就，不必將希望寄托於未來；今生行善、修持的所有福慧功德，現生就可以得到回報，而不必把希望寄托於來生。

所以，佛光山所提倡的「人間佛教」，是「入世重於出世，生活重於生死，利他重於自利，普濟重於獨

修」；佛光山提倡「人間佛教」，就是要讓佛教落實在人間，落實在我們的生活中，落實在我們每一個人的心靈上。

據説，梁漱溟先生到了九十四高齡時，也就是一九八七年中國佛教文化研究所成立時，他第一個出席發言，並且説了以下這段話：「我是一個佛教徒，從來沒有向人説過，怕人家笑話。一個人有今生，有前生，有來生。我前生是一個和尚，一個禪宗的和尚！」

可見梁先生最終還是肯定佛教，還是回到佛教的信仰裏來，因爲人間需要佛法，佛法是人生的慈航，是生命的燈塔，一個人有了佛法，就如在茫茫大海裏找到了得度的舟航，又如在漆黑的暗夜裏看到了指引的燈光，人生就不至於迷失、墮落。即使在平常生活中遇到一些困難、挫折，只要有佛法的指導，都能安然走過。

記得有一次，慈容法師跟我講了一個故事：有一位中年男士因爲事業失敗，被債務逼得走投無路，在心灰意冷，對人生無比絕望的情況下，他想要自殺求得一死百了。

自殺前，他打了一通電話到寺院裏來，接電話的慈容法師瞭解事情原委後，再三地勸慰，並且鼓勵他不要對人生感到絕望，請他不妨先到道場裏來談談話，或許能找到解決的辦法，人生一定還能尋得個轉機。

結果掛完電話没多久，這位男士帶著滿臉愁容地來到道場，慈容法師一方面安慰他，同時巧妙地問出他家裏的電話，暗中請人通知他的家人。最後在慈容法師的佛法開導下，男士的心情終於漸漸平復，這時他的家人也接到通知趕到道場，一家人見面相擁而泣，慈容法師只得再給他們一些開示、勸慰，後來終於在太太、兒女的陪伴下回到家裏去。

一個月後，慈容法師接到這位男士的電話，再三感謝慈容法師在他萬念俱灰時，給他開導、鼓勵，讓他得以重新站起來，現在他的債務經與債權人協商，已經獲得解決，一切都將重新開始。他説，如果没有慈容法師，没有佛教，就没有現在的他，他的生命是因爲佛法而獲得重生。

其實世間上没有不能解決的事，問題在於能不能得遇佛法，肯不肯依止佛法。因爲世間上再多、再大的問題，除了一些不可抗拒的天災以外，都是源於人爲的因素；因此，如何突破困境，解決世間的問題，唯有靠人類的自我覺醒。

佛法能啓發人類本自具足的真如佛性，能使人轉迷爲悟。人生處世，不是迷，就是悟，一念迷，愁雲慘霧；一念悟，慧日高懸；迷悟往往只在一念之間！學佛就是爲了「轉迷爲悟」，也就是要「轉識成智」，能夠轉識成智，纔能「轉苦爲樂」、「轉凡成聖」、「轉煩惱爲菩提」，纔能免於生死輪迴。

因此，過去常有人問我，爲什麼要弘揚「人間佛教」？答案很簡單，因爲人間需要佛教！人生本來就有很多的苦難，很多的問題，很多的煩惱，很多的缺陷不圓滿，人生要如何求得圓滿？唯有學佛纔能充實人生、認識人生、證悟人生，只有學佛纔能圓滿自己、完成自己。

我曾經把自己的一生，以每十年爲一個時期，規畫出「成長、學習、參學、文學、歷史、哲學、倫理、佛學」等人生的八個時期，最後我把一切都回歸到「佛法」裏，因爲在佛法的「一真法界」裏，生命纔能圓滿。

我提倡「人間佛教」，就是爲了把佛法落實在人間，融入到生活裏，希望佛法能深植在每個人的心田中，讓人人心中有佛，那麼眼睛所看到的都是佛的世界，耳中所聽到的都是佛的聲音，口中所説的都是佛的語言，心中所想的都是佛的恩德；當身心獲得净化，當下就能轉識成智，就能過著解脱自在的佛化生活，這就是「人間佛教」所提倡的修行法門，也就是希望從身心的净化來實踐六根清净的净土。

爲了讓佛法落實生活，我一生用心最多的，就是努力把佛法「通俗化」，我覺得佛法不一定要講得玄奧難懂，只要能給人正見、正覺，以及幸福、安樂，就是最完美的佛教。因此，爲了把佛法講得通俗易懂，在我最

初走上弘法之路時，往往爲了把艱澀難懂的名相，以及深奧難明的義理，用生活性的語言表達，或是藉由一則則故事、譬喻、事例來詮釋，每次講演前，總是挖空心思，總要花費很多的時間及心力來準備教材。

例如，佛教的很多經典裏，經常提到佛陀說法時通身放光；但是我告訴信徒，其實每個人都能「放光」，只要我們臉帶笑容，就是臉上放光；我們口說好話，就是口中放光；我們手做好事，就是手中放光；我們心存好念，就是心中放光，因此不必從佛陀說法時如何放光、如何殊勝去探究，重要的是每個人自己都能「放光」纔要緊。

除了用心於通俗佛法的講說之外，爲了接引不同年齡層、不同工作領域的社會大衆學佛，我也總是學習觀世音菩薩，隨緣、應機說法，例如我對青年談「讀書做人」，對婦女談「佛化家庭」，對老人談「安度晚年之道」，對兒童談「四小不可輕」，對建築業談「命運的建築師」，對美容師談「美容與美心」，對文藝作家談「文學之美」，對科學家談「佛觀一鉢水，八萬四千蟲」，對宗教界談「宗教之間」，對政治界談「佛教政治觀」，對國際人士談「文化交流」，對海外華僑則勉勵他們要「落地生根」。

我覺得《普門品》裏，觀世音菩薩「應以何身得度者，即現何身而爲說法」，就是「人間佛教」。「人間佛教」就是不捨一個衆生，不捨一個法門。過去的佛教因爲只重視念佛、拜佛，失去了許多信徒；事實上佛教是要普度衆生的，普度衆生就是要讓大家歡喜什麼就做什麼。你不念佛，可以禪坐；你不喜歡禪坐，可以抄經、拜佛；你不歡喜拜佛，也可以到寺院來吃素菜；你覺得素菜吃不習慣，也可以到道場來談話聯誼，或是唱梵唄、聽音樂；甚至你不信佛也沒有關係，你可以行佛，替佛教動員大衆一起來做善事。所以我們提倡的「人間佛教」，就是多元化、多功能的弘化，就是依大家的根機需要，施設種種法門來實踐佛陀的「觀機逗教」，這就是「人間佛教」。

甚至過去一般寺院的共修，都只是念佛、拜懺、誦經、坐禪等，但是我認爲共修不但指念佛會、禪坐會，還應該包括佛學講座、讀書會、座談會、問題討論，乃至各種活動等。

因爲「人間佛教」不能只是閉門空談理論，而是要能走出去，要能弘揚，要能推動，纔能落實在人間生活裏，因此舉凡著書立說、講經說法、設校辦學、興建道場、教育文化、施診醫療、養老育幼、共修傳戒、佛學講座、朝山活動、掃街環保、念佛共修、佛學會考、梵唄演唱、素齋談禪、軍中弘法、鄉村佈教等，這些都是「人間佛教」所要推動的弘化之道。

「人間佛教」透過舉辦各種活動，作爲一種接引的方便，同時也是在實踐佛法。例如佛光山連續舉辦兩年的國際水果節，表面上看起來只是在幫農民賣水果，但實際上這是佛教慈悲、智慧、利他、服務的精神體現，是佛教全然無我、無所求的奉獻，也是佛光山「非佛不做，唯法所依，集體創作，制度領導」的宗門思想之實踐，透過這個活動，讓農民乃至社會大衆深受感動，繼而對佛教生起信仰，這就是佛法。

所謂「慈悲爲本，方便爲門，般若爲用」，只要契合佛法，只要善於運用，八萬四千法門都是上弘下化的好道具，因此我認爲「人間佛教」的修行，不是個人的了生脫死，而是全方位的弘法利生。

「人間佛教」就是把「世俗諦」與「第一義諦」融攝起來，有次第地引導人循序走入佛法堂奧，幫助人運用佛法智慧來解決人間的種種問題，並且漸次開發佛性，讓人獲得解脫自在，讓生命得到究竟圓滿，所以「人間佛教」是「真俗圓融」的佛教。

甚至《華嚴經》的「理事無礙」，就是「人間佛教」。我覺得世間的各種思想、學說，不管再怎麼精闢、先進，如果不能對人類的幸福有所增進，都將成爲空談。佛法也是一樣，儘管佛教的真理如何甚深微妙，如果不能落實到生活裏，讓人受用，給人利益，也是形同虛設；反之，能讓人受用，纔有價值。

在我自己的一生當中，自認爲一直都很用心地在推廣「人間佛教」，當我在講述佛法時，要讓大衆聽得懂；書寫文章時，要讓大衆能體會；興建道場時，要讓大衆用得上；舉辦活動時，要讓大家能參與；開辦法會時，要讓大家能法喜；海外弘法時，也總是會提供語文翻譯，我隨時隨地顧及大衆的需要，因爲實用的佛教，纔是人們所需要的佛教。

甚至爲了順應時代的需要與衆生的根機，早在一九五四年，我率先發起倡印精裝本的佛書，我提倡街頭佈教；慢慢地，我又將之發展爲監獄學校的弘法以及電臺、電視的講演。我組織了全臺灣第一個佛教的歌詠隊，從事環島佈教，宣揚佛法教義。五十多年來，我努力將寺廟演進爲講堂，將課誦本演變成佛教的讀物，將個人的修行擴展至集體的共修，將誦經轉化成講經；甚至爲了擴大在家信衆參與弘法的空間，我創辦了國際佛光會，設立了檀講師的制度，希望讓「人間佛教」的藍圖，逐步在佛光普照的理念下，一一實現。

因此，我自覺我一生不是只有研究佛學，我是研究佛教；佛教太龐雜，不光只是研究佛法，所以我不敢自承是佛教的義理通家。不過我雖然沒有時間一門深入，但我自覺自己稱得上是廣博多聞。因爲我提倡「人間佛教」，我研究的是佛教，佛教是佛陀的教育法，既是教育，就必須透過各種方法、管道來弘揚佛法，而不能只是安居一處，深入研究佛學。

因此，我一生創辦很多的佛教事業，包括文化、教育、慈善等，而且經常舉辦各種活動，諸如學術的、社教的、公益的，以及各種法會、共修等，尤其佛光會每年所辦的活動，更是不知凡幾。諸如「七誡」、「三好」、「慈悲愛心人」、「把心找回來」等活動，都是爲了淨化人心、和諧社會的教化活動。

甚至爲了讓佛教走上現代化、年輕化、知識化、國際化，我不斷在改革各種不合時宜的制度、行事、觀念，以及對佛法義理做出新的詮釋等。

我在十二歲出家之後，就一直想要革新佛教，因爲我覺得既然有機會出家，就應該好好弘揚佛法，因此凡是有礙佛教發展的一些陋習、弊端，都應該一一改革。爲此，多年來我從制度、教育、文化、弘法、觀念、儀軌、事業等方面，作了諸多的革新，包括：

在制度改革方面：以民主選舉方式產生住持，制定僧衆序級考核，成立「佛光親屬會」與「功德主會」、制定「檀講師」制度，倡導寺院功能多元化，不由「中國佛教會」發戒牒而逕行傳受三壇大戒，以及改變「中國佛教會」「不團結、收紅包、趕經懺」等陋習。

在教育改革方面：創辦了第一所連續五十年招生不間斷的佛學院，並且徧及五大洲均有分部。另外，創辦西來、佛光、南華、南天等多所社會大學，以及成立都市佛學院、勝鬘書院、社區大學等。

在文化改革方面：成立多所美術館，編輯佛教文學書籍，重編大藏經等。

在弘法改革方面：以歌舞傳教，透過電視弘法，發行人間福報，成立雲水書車，乃至首創婦女法座會，採用遠距教學、網路視訊等。

在儀軌改革方面：舉辦短期出家、佛化婚禮、菩提眷屬、青少年成年禮，以及兩天一夜傳授在家五戒、菩薩戒。

在福利改革方面：爲僧衆訂定休假、醫療、進修等福利辦法，以及成立公益信託基金，從事各種社會公益等。

值得一提的是，我對佛教的改革，並非一味地打倒舊有，我覺得改革不是打倒別人來樹立自己，而是應該相互融和，因此雖然我主張佛教要革新，但也不排斥傳統。例如，過去的信徒只在初一、十五纔到廟裏拜拜，但我提倡「週六念佛共修」；直到今天，舉凡臺灣全省的別分院，甚至全世界的佛光山道場，每週六晚間都會同時舉行念佛共修。

過去一般信徒的往生佛事，都要拜懺誦經，甚至放焰口，我則以「隨堂超薦」來代替。我覺得不一定要由個人獨力出錢，如此負擔太重，可以改在共修時，讓有緣人一起來共同爲父母、祖先隨堂超薦。

我自己一生不趕經懺，我重視文化弘法，但在來臺之初就提倡「藥師法會」及「光明燈法會」等，因爲我覺得佛教的信仰儀式也很重要。何況衆生根機不同，各有得度的因緣，因此我自己不做的，也不一定就要排斥他人。

由於我的革新不是打倒別人，不是否定傳統，而是尊重他人，是融和傳統與現代，因此今天「人間佛教」能被大家肯定、認同。尤其我對佛法的義理思想，也提出一些觀念的改革，我主張以「行佛」代替「拜佛」，我提倡「身做好事、口説好話、意存好念」等三好運動來淨化三業；我制定「給人信心，給人歡喜，給人希望，給人方便」作爲佛光人的工作信條，我提出「你大我小、你對我錯、你有我無、你樂我苦」作爲大衆的處世準則，我以「忙就是營養」、「爲信徒添油香」、「儲財於信徒」、「當義工的義工」、「學佛不是個人清修，而是要爲大衆服務」，以及「光榮歸於佛陀，成就歸於大衆，利益歸於常住，功德歸於檀那」等理念，作爲僧衆的修行準則。

尤其我提出「五戒就是不侵犯」、「我是佛」、「建立心中的本尊」、「業是生命的密碼」、「行善不造惡就是基因改良」、「做自己的貴人」等佛法新詮，也都能讓大家普遍接受並廣爲流傳，這也讓我頗感欣慰。因爲我覺得讓人聽了能懂、能實踐、能受用的佛法，纔是「人間佛教」。

過去的佛教所以不能普徧，就是因爲生活中沒有實踐佛法，例如，佛教叫人要慈悲、忍耐、結緣，但是一般人不容易做到。尤其自古以來，佛教受到社會最大的扭曲與誤解，就是把佛教當成是度死的宗教，一般人總在喪葬的時候纔想到要採用佛教的儀禮，平時結婚、生子、祝壽、喬遷等喜慶時很少以佛教的儀式進行；因爲平時不知道佛教有何用，總要等到人「死」纔想到需要佛教誦經超度，致使佛教難以融入「生」活裏。

爲了引導社會人士重新估定佛教對人生的價值，不要總是等到往生時纔想到佛教，「生」時更需要佛教。因此我爲佛教設立一套「人生禮儀」，希望佛教家庭在嬰兒一出生時，就要到寺院取名，寄養給佛祖；求學時則要行入學禮；乃至成年有弱冠禮、結婚有佛化婚禮、生日有祝壽禮，甚至往生佛事也能依佛教儀禮舉行，讓佛教徒在生活中，舉凡生老病死、婚喪喜慶，都能有佛法爲依循，都能心存感恩，都能歡喜安詳。

記得一九六〇年我爲名畫家李奇茂、張光正夫婦主持佛化婚禮，這是佛教的第一次佛化婚禮。我覺得青年男女經過正規的程式結爲夫妻，之後成家立業；「家」是生命的延續，是個人身心調和、價值觀念養成的基礎。

佛教一向很重視家庭關係，在《善生經》、《大寶積經》、《優婆塞戒經》等諸經典中，都有佛陀教導信衆如何實踐家庭倫理的記載。現在日本佛教，他們的信衆也都是以檀家（一個家庭）爲單位來計算，而不是個人，因爲唯有如此，纔容易把佛法帶進家庭，融入生活。

佛光山在度化信衆上，也是積極朝這方面在努力，所以佛光山所辦的活動、法會，都是邀請夫婦、全家一起出席參加，這是佛光山的一大特色，不但爲佛化家庭做了一個很好的示範，也希望讓社會大衆明白，佛教不是只强調「苦空無常」，「人間佛教」重視的是家庭的幸福、美滿與安樂，這纔是人生最大的追求。

「人間佛教」雖然希望爲人間帶來幸福安樂，希望把歡喜佈滿人間，但是人生有生必然有死，生死是很自然的事。過去的佛教，當一個人往生之後，從入殮、頭七到七七，甚至百日、週年，一直都在不斷地忙著誦經，只要有一個信徒家中有人往生，整個寺院大家就要忙著爲他誦經。

現在我們提倡「人間佛教」，我們爲信徒舉行往生佛事時，不但「誦經」，更要「説法」。記得一九九三年當時擔任國民黨中央海工會主任的程建人先生，其高堂往生，程主任特別親自上山，希望我能在告別式當天到

場爲祭悼的賓客說法，開示人生的真諦。

當時我感於過去一般人對佛教的認識，都是人死了纔請法師誦經，如今程主任請我不是誦經，而是說法，我覺得這種觀念很了不起，有助於提升佛教的形象，可以改變一般人對佛教的看法。因此，當時我的弘法行程雖然早已排定，我還是予以允諾，然後在告別式前一天提前從紐西蘭趕回來，如期參加程母的告別式說法。

我覺得佛教講「法會」，就是要「以法聚會」，所以佛光山多年來舉辦的任何活動，都不能缺少佛法開示。也正因爲佛光山所推動的「人間佛教」，一直都是重視文教，重視說法，而且是佛法與生活融和不二的「人間佛教」，不但注重個人身心的淨化，而且主張夫妻要相親相愛，生活要過得幸福美滿，人際關係要尊重包容、歡喜融和，所以能與社會人士相應。

現在佛光山的信徒，不但都以組織佛化家庭爲榮，尤其重視信仰傳燈，把佛法信仰當成傳家之寶，代代傳承。

說到信仰，今年（二〇一二年）九月，一項名爲「夏季達沃斯世界經濟論壇」的活動在天津舉行，他們特別要我去做了一場主題演說，主講「信仰的價值」。

這個經濟論壇已經行之有年，在國際間具有相當的影響力，參加的都是一些專家學者，甚至是各國領袖，大家齊聚一堂，專門爲討論國際間的經濟問題而辦。

這種國際級的經濟論壇，他們竟然要我去講「信仰的價值」，可見他們重視「信仰」，肯定信仰的重要。當天我一開場，就開宗明義地說：值此全球經濟遭逢重重困境之際，此刻我們最急需建立的，就是一份提振信心與力量的信仰，因爲信仰具有普世的價值，有信仰就有信心，有信仰就有力量；久遠以來人類就是因爲對一些善美的價值有信心，因此可以改善生活，可以發展未來，可以增加福祉。

談到信仰，一般人大都以爲信仰就是要信仰宗教，其實人生必須建立的信仰很多，例如我們對國家的前途，對人類的未來，對社會的正義，都要生起信心；我們對造福人類的思想、學說、真理等，也要服膺、信賴。甚至對於能成爲人間模範的聖賢好事，我們不但要信仰他，而且要心存恭敬。

當然，人尤其要有宗教信仰，畢竟人是宗教的動物，人只要有生死問題，就一定要信仰宗教。宗教如光明，人不能缺少光明；宗教如水，人不能離開水而生活；宗教如藝術，人在生活中離不開美感，所以人生不能沒有宗教信仰。

宗教是每一個人的心，我們的心要升華、要擴大，生活纔會更豐富。信仰宗教的重要，在於能領導生命的大方向，能將生命之流的過去、現在、未來銜接，所以佛教徒學佛的第一步爲什麼要皈依三寶？就是爲了確定自己的信仰，有信仰，內心纔會充實，生命纔能圓滿。

說到皈依三寶，有一天我在佛光山法堂接到一通來自香港的電話，電話那頭是一個叫高嶺梅的先生，他因爲生病住院，其公子高伯真希望我能到香港爲他主持皈依三寶。但是因爲我的行程已經排滿，實在抽不出空到香港去，後來我就權宜方便地用電話幫他皈依。

事情過了一年之後，我到香港佛香講堂主持「師徒接心座談」，會中高嶺梅先生的兒子高伯真，跟大家講述了當時他們父子在醫院裏一段有趣的對話：

高老先生在病牀上問兒子：「人死後會到哪裏去？」

「一般人會到地獄、餓鬼、畜生道去，爸爸您就任選一個地方吧！」高伯真回答。

「我三個都不想選，那該怎麼辦？」

「既然如此，必須皈依三寶纔能做人，生天堂。」

「皈依三寶要有師父纔行，我要找哪一位師父呢？」

「師父有很多，隨您選擇。」

「我常常閱讀星雲大師的著作和聆聽他的録音帶，我想皈投星雲大師的門下。可是大師在臺灣，我又重病在牀不能去，真不知如何是好。」

「没關係，您可以用電話皈依呀！」

就是這番話成就了電話皈依的因緣，我記得在皈依後，高伯真先生就以他父親所收藏的一幅張大千的畫作爲供養送給我，那幅畫在臺灣書畫義賣中曾創下八百萬的高價，也因此成就了一件「捐畫興學」的美事。

人生不能没有信仰，宗教信仰是發乎自然、出乎本性的精神力，宗教信仰能使生活美化，一個有信仰的人，他的內心是充實的，眼中所看到的世界充滿祥和；反之，没有信仰的人，他的心靈找不到皈依處，他的人生是空虛的，他感到的世界是貧乏的，所以有信仰的人生纔是美滿。

但是信仰要合乎正信，有的人一開始就信錯了邪教，走岔了路，人生陷入萬劫不復的境地，因此信仰有信仰的層次，能夠信仰正信的宗教最好，所謂「邪信不如不信，不信不如迷信，迷信不如正信」。信仰一定要用理智去判斷，要信仰「有實、有德、有能」的宗教，這纔是正信的宗教。

「人間佛教」的信仰，不是迷信的膜拜，不是盲目的奉獻，而是從浩瀚的三藏十二部不朽經典中，覺悟出緣起緣滅等生命的真理。

佛教講的緣起中道、因果業報，乃至三法印、四聖諦、十二因緣等，都是解答宇宙人生之秘的智慧，不但能幫助我們解決人生的煩惱、困境，尤其能讓我們認識生命的本質，瞭解生命的真諦，引導我們活出有意義、有價值的人生，讓我們活得歡喜，活得自在。

只不過佛教雖然有甚深微妙的義理，但是佛法有許多專有的名相，不但艱澀、繁瑣，尤其有些思想如果完全從出世的角度去詮釋，往往讓人誤解，甚至心生反感。

因此，我在弘揚「人間佛教」的過程中，用心最多的，除了要把佛法説得深入淺出、通俗易懂，尤其更重要的是，要能做積極而正面的詮釋，要合乎人性化。例如過去佛教講「無常」，一般人聽到無常都很害怕，但是我告訴大家，無常其實不是消極的，無常説明好的會變壞，相對的，壞的也會變好。譬如貧窮的人，只要認真工作、奮發有爲，有一天也會變爲富人；愚笨的人只要肯用功讀書、努力學習，也會有變聰明的一天。所以無常纔能進步，無常纔能更新，無常纔有希望，無常纔有未來。

過去佛教講「忍」，一般人認爲忍就是打不還手、罵不還口，覺得學佛都是叫人要忍耐，所以很吃虧。

其實佛教講「忍」，有三種層次，第一是「生忍」，也就是爲了生存，我們必須忍受生活中的各種酸甜苦辣、飢渴苦樂；不能忍耐，就不具備生活的條件。第二是「法忍」，這是對心理上所産生的貪瞋癡成見，我能自制，能夠自我疏通、自我調適，也就是明白因緣，通達事理。第三是「無生法忍」，這是忍而不忍的最高境界，一切法本來不生不滅，是個平等美好的世界，我能隨處隨緣地覺悟到無生之理，就無所謂忍或不忍，這就是「無生法忍」。

忍，就是能認清世、出世間的真相，而施以因應之道，所以忍就是認識、接受、擔當、處理、化解；忍不但是內心的智慧、是道德的勇氣、是寬容的慈悲、是見性的菩提，更是一種無上的力量。

佛教把我們居住的世界稱作「娑婆」，就是「堪忍」、「能忍」的意思；因爲人活著，不但要忍苦、忍難、忍窮、忍飢、忍冷、忍熱、忍氣、忍怨，也要忍富、忍樂、忍利、忍譽，所以人生必須懂得「以忍處世」。

另外，佛教講「四大皆空」，一般人聽到「空」，總認爲「空」就是什麼都没有的意思，因此覺得「空」很可怕。但其實「空」纔能建設「有」，「空」有空的內容，在空的裏面纔能擁有宇宙的一切，不空的話就什麼都

没有了。例如房子不空，就不能住人，杯子不空，就不能裝水，皮包不空，就不能裝東西。甚至我們的鼻孔不空，就無法呼吸，耳朵不空，就不能聽聞，乃至全身的細胞、毛孔、五臟六腑如果不空，人就無法生存；有了「空」，生命纔能延續，所以空就是有，有就是空，這就是《般若心經》所説的「色即是空，空即是色」。

「空」與「有」既是一體的兩面，既然空有是一如的，所以我認爲不如把過去的「四大皆空」，説成「四大皆有」；因爲先有「妙有」，纔能進入「真空」，先建設現實「有」的世界，從「有」的真實中，纔能體驗「空」的智慧。因此我覺得「人間佛教」應該順應衆生的根機與需要，從積極面去引導人認識佛教，瞭解佛法，讓人既能「空」，也能「有」。

過去很多人不願意信仰佛教，因爲學佛都要受戒，他們覺得持戒很不自由，因此不要學佛。其實持戒纔能自由，我們看現在監獄裏的犯人，不都是犯了五戒纔鋃鐺入獄的嗎？所以持戒不但可以讓人我都自由，尤其一般人都希望能健康長壽，希望可以發財富貴，希望擁有和樂的家庭，乃至獲得善名美譽，聰明有智慧等等；但是這些不是想要就有，而是要有方法，没有方法，光是妄想，或靠祈求，如何能發財，如何能長壽？就像一個人没有播種，如何有收成？

因此，我在主持三皈五戒時，都是告訴大家，只要受持五戒，這一切自然不求而有，因爲不殺生而護生，就能長命百歲；不偷盜而佈施，自能享有富貴生活；不邪淫而尊重他人的身體、名節，自然家庭美滿；不妄語而讚嘆他人，自然獲得善名美譽；不喝酒而遠離毒品，自然身體健康，智慧清明。

長久以來，佛教的戒律都是對生活的否定，都是消極的制止，缺乏大乘佛教積極向上的精神與作爲，致使佛法不能應時興化，而成爲佛教與時俱進的絆脚石。

其實，我覺得佛教應該重視根本大戒的行持，對於小小戒，如佛陀所説，要隨時代的精神、隨社會風俗的不同而「隨開隨遮」，實在不必故步自封。佛陀當初制戒，其實是充滿人情味，是很人性化的，只是現在一般人都只研究戒條，而没有研究佛陀的心。

我自覺自己是能夠懂得佛陀的心，所以我提倡的「人間佛教」，也是很重視人性化，很有人情味。記得有一次我帶一些青年到澎湖吉貝島去弘法，有個人見到我們，就問我：「你們到我們這裏來做什麼，你們佛教講不殺生，我們都是捕魚的，如果我們都跟你們佛教接觸，我們就都没有飯吃了。」

這番話給了我很深的感觸，我覺得佛教是不捨任何一個衆生的，這些人以捕魚維生，佛教到底要不要放棄這些人？這個問題觸動了我的心，當時我就感覺到，佛教對殺生的問題，應該要有創新的解釋。因此又有一次，我到小琉球去主持佛光會的活動，帶領的校長告訴我，佛光會在當地發展困難，因爲這裏的人民都是捕魚爲業，都是從事殺生的工作，與佛教的教義不符。所以這裏的人覺得他們信神可以，但不能信佛教。他問我，這個問題怎麼解決。

當時我就回答他：「你即使殺生，但不要有殺心。」也就是説，有殺生的行爲，不要有殺生的心；殺生是爲了生存，但不要有殺心，甚至還能心存懺悔，那就更好。

其實佛教的戒，要如何持得好，持得圓滿？端看你能做到怎麼樣的程度。當前佛教最難説明的，就是戒的問題。每次傳授五戒、八關齋戒我都講得比較寬鬆，因爲如果講得很困難，把人都給嚇跑了。所以我告訴大家，戒的定義就是自由，戒的定義就是不侵犯，佛教講戒律有輕有重，一般人不容易真的違犯佛教的五戒，平時所犯的頂多是惡作，因此大家可以放心受戒。

事實也是如此，佛教講五戒，戒不是不犯，是犯了戒能知道懺悔；破戒而懺悔還可以得救，但如果覺得不受戒就可以爲非作歹，這就是破見，那就無法可救了。

除了戒律的障礙之外，過去佛教所以不能走入民間的另一個原因，就是佛教都是講「佈施」，都是要把東西給人，這與一般人總把信仰建立在「有所求、有所得」之上剛好相違背，所以佛教無法普及。

對此我告訴大家，佈施看似給人，其實是給自己，佈施如播種，佈施就是結緣，懂得佈施結緣的人，遇到困難時，自然會有貴人相助，這些貴人就是自己曾經結過緣的人，所以其實說來，自己纔是自己的貴人，所以大家要做自己的貴人。

我覺得「人間佛教」就是要用佛法來引導大家建立正確的人生觀，甚至要開發每個人的真如佛性，所以我經常勉勵大家，要提升信仰的層次，要從信佛、求佛、學佛，而到行佛。

每次我在主持皈依三寶典禮時，總是鼓勵信徒，要直下承認「我是佛」。因爲當初佛陀在成道時，就曾發出「大地衆生皆有如來智慧德相」的宣言，說明衆生皆有佛性。

佛性就是成佛的性能，佛性是人人本具，個個不無，只是因爲被無明煩惱遮掩，所以佛教的信仰，不只是要大家信佛，更是要人人能肯定自己，認識自己，進而對自己有信心，也就是要發掘自己本有的真如佛性。我覺得只要人人敢於承當「我是佛」，世界自然和諧無諍。

因此，「從出世的悲苦到入世的喜悅，從僧伽的專責到信衆的共有，從自了的空談到生活的修持，從階級的差別到平等的圓融」，這是「人間佛教」最大的成就，也是佛光山多年來努力、辛苦弘揚「人間佛教」的目的。我們希望透過推動「人間佛教」，能維護社會秩序、淨化社會人心、改善社會風氣、端正人生行爲，以期共建一個「自心和悅、家庭和順、人我和敬、社會和諧、世界和平」的五和人間，這是佛教應負的社會責任，也是佛教對國家所能作出的貢獻。

總之，「人間佛教」必然是未來人類的一道光明，這是不容置疑的事實。因此有一次在與信徒座談時，有人提出一個問題，他說當前全世界有南傳佛教、北傳佛教、藏傳佛教，乃至現在日本的佛教也有自己的型態。他問我佛教未來應該走哪一條路綫來統一世界的佛教比較好？

對此，我把各地的佛教做了一番分析，我說流行於泰國的南傳佛教以供養爲主，信徒供養僧侶已經成爲他們的風俗習慣，但是這種供養制度如果到中國來，行得通嗎？事實上是不能！如果你走到信仰基督教的人家門口，他不但不給你供養，可能還會把你打了出來。因爲中國的宗教很複雜，所以不能走泰國南傳的路綫。

你說走藏傳的路綫吧！藏傳的佛教因爲地處荒涼偏遠的西藏，民衆生活在冰天雪地裏，養成堅忍的精神。他們外在的物質很缺乏，只有往內心世界去追尋，所以他們的精神世界很豐富，信心也很强。但是如果你去了西藏，三餐生活都覺得困難了，還談什麼信仰宗教呢？因此並不容易。

那麼，走日本佛教的路綫吧！現在日本的佛教，基本上寺廟已經不成爲寺廟，而是成了祖師的宗廟；他們不再是信仰佛教，而是信仰祖師。日本佛教從佛祖的佛教變成了祖師的佛教，基本上已經走了樣，尤其他們的出家人可以娶妻生子，因此如果現在要中國的佛教走日本的路綫，事實上也不行，因爲基本上中國的佛教是靠戒律在維持形象。比丘、比丘尼不可以結婚，這一條日本人都認同，一般在家信徒之所以向出家人禮拜，就是覺得你們跟我們不一樣，你們沒有結婚，我們是有家庭的，不如你們。

所以，今後的中國佛教要走什麼路綫？應該走「人間佛教」的路綫！「人間佛教」就是：在家衆有在家衆的護教空間，出家衆有出家衆弘法的崇高地位，僧與信、出家和在家，如人之雙臂、如鳥之雙翼、如車之兩輪。所以我們提倡「人間佛教」，我創建的僧團以佛光山爲主，教團以佛光會爲主。

但是，未來的歷史不是某一個人說的，也不是某一個人做得了的，這要看後來的信徒有沒有這種理念，有沒有這種大菩薩、大發心的人，纔能有所建樹，把這種宗風、規模建立起來。

這不是用强迫，或用政治力量可以達成，這是信仰，是要經過時間和歷史慢慢形成的。我祝願佛光山的僧團與教團，未來在人間佛教的發展上，能真正帶給人間和平與福祉，帶給人類幸福和安樂，這一切還有待我們繼續努力！

百年孤獨

〔外國當代〕（人間喜劇）
長篇小說二